Jos. von Hoffinger

Dantes göttliche Komödie

Jos. von Hoffinger

Dantes göttliche Komödie

ISBN/EAN: 9783741168000

Hergestellt in Europa, USA, Kanada, Australien, Japan

Cover: Foto ©Andreas Hilbeck / pixelio.de

Manufactured and distributed by brebook publishing software (www.brebook.com)

Jos. von Hoffinger

Dantes göttliche Komödie

Dante's
göttliche Comödie.

Zur Jubelfeier des Dichters

metrisch übersetzt
von
Jos. von Hoffinger.

I. Band.
Die Hölle.

Wien, 1865.
Wilhelm Braumüller
k. k. Hof- und Universitätsbuchhändler.

Vorwort.

Derjenige, welchem das Glück zu Theil wurde, die Meisterstücke der bildenden Kunst selbst, und nicht durch eine Nachbildung kennen zu lernen mag mit Bedauern auf Die sehen, die darauf angewiesen sind durch die Vervielfältigung des Grabstichels eine dürftige Anschauung derselben zu gewinnen. Und doch soll Das, was ein wahrer Künstler schafft, Gemeingut der Menschheit werden, und die Zahl Derer, welche sich an der Quelle zu laben vermögen, ist so gering, daß man das Bestreben nach weiterer, obgleich mangelhafter Verbreitung, nicht verachten kann. — Aehnlich verhält es sich mit den Werken der Dichtkunst; wie dort die räumliche Entfernung, so bildet hier die Sprache eine Gränze, welche nicht von Jedem überschritten werden kann. Darum werden Uebersetzungen der großen Dichter, so weit sie auch hinter dem Originale zurückbleiben müßen, doch Jenen, welche darauf beschränkt sind, nicht unwillkommen sein. Und eben, weil auch die vorzüglichste Uebertragung immer mangelhaft bleibt, ist es nicht überflüssig, die Zahl schon vorhandener Uebersetzungen eines Meisterwerkes noch um eine zu vermehren. — Liebevolle Treue ist wohl eine der Haupteigenschaften, die man von einer Uebertragung verlangen muß; diese Treue ist aber eine doppelte, nämlich Treue in der Wiedergabe des Inhalts, und Treue in der Nachahmung der Form. Diejenigen, welche sich, um den Inhalt mit vollkommener Treue wiederzugeben, des Reimes enthalten, verdienen eben sowohl Anerkennung wie Jene, welche aus Verehrung für den Dichter die Form des von ihm gewählten Versbaues trotz aller Schwierigkeiten nach zu bilden trachten. Ich habe, um den dreifachen Reim zu vermeiden, einen Mittelweg gewählt, zu welchem mich das Beispiel A. W. Schlegels ermunterte, jedoch mit der Veränderung, daß ich von je zwei aufeinander folgenden Terzien die mittleren Verse zu einander reimen ließ, wärend bei Schlegel der mittlere Vers reimlos bleibt. Dadurch unterscheidet sich diese Uebertragung in der Form von den früheren. — Da ich keinen Kommentar, sondern eine Uebersetzung schreiben wollte, habe ich mich in den Anmerkungen so kurz als möglich gefaßt, und nur die Absicht dabei gehabt, ungelehrten Lesern das Verständniß der Dichtung zu ermöglichen. Ich habe dazu theils die italienische Ausgabe von Bianchi, theils meine deutschen Vorgänger, besonders für das Geschichtliche den Philalethes benützt, zuweilen auch Streckfuß. In der Auffassung aber weiche

ich nicht selten von den Früheren ab, und halte mich
dabei immer an den Grundsatz, daß die sittlich religiöse
Bedeutung mit der geschichtlich politischen zugleich fest-
gehalten werden müße; denn beide wurzeln in innigster
Verbindung im Wesen des Dichters und also auch der
Dichtung. Und mir ist dabei Folgendes klar geworden:

1. Die Abwendung von der falschen und die Hin-
wendung zu der wahren Liebe, welche in stufenweiser
Erhebung zur sittlichen Freiheit und endlich zur Anschauung des Göttlichen führt, ist der Inhalt des Gedichtes,
wie es schon von älteren und neueren Auslegern ausgesprochen, und nur von Denen geläugnet worden ist,
welche bloß die politische Bedeutung fest halten wollen.
— Die Erkenntniß des Göttlichen aber wird durch
die Lehre der Kirche vermittelt, welche von Dante keines-
wegs, wie Manche behaupten, nur symbolisch, sondern
positiv als das Evangelium des Wortes aufgenommen
wird, das Fleisch geworden ist, und unter uns gewohnt
hat. Dante ist der christliche, der katholische Dichter, der
Dichter des lebendigen Glaubens, der den Menschen
sittlich frei und gerecht macht.

2. Aber diese sittliche Freiheit und Gerechtigkeit
kann nicht auf den Einzelnen beschränkt bleiben; Derjenige, der von ihr ergriffen ist, muß einen Zustand
der Menschheit wollen, in welchem Gerechtigkeit herrscht,
Unrecht erliegt. Seine Seele muß von tiefem Unwillen

über das Gegentheil erfüllt sein. Und so ist es bei Dante. Er ist der Dichter der Gerechtigkeit.

3. Die Form in welcher diese Herrschaft des Rechtes erscheinen soll, kann keine für alle Zeiten, alle Länder allgemein gültige sein. Sie wird in jedem Jahrhundert, bei jeder Nation eine andere sein. —

Im 13. und 14. Jahrhundert herrschte wilde Anarchie in Italien; in den Städten tobten die Adelsgeschlechter wider einander; die päpstlich gesinnten Guelphen und die kaiserlich gesinnten Ghibellinen waren in ewiger Fehde begriffen. Wer sollte helfen? Nach Dantes Ueberzeugung war nur von Deutschlands Kaiser Hülfe zu erwarten.

Nur er konnte Frieden und Gerechtigkeit, gleiches Recht für Alle bringen. Er sollte keinen Eingriff in die geistliche Macht des Papstes und der Kirche thun, noch der Papst einen in die weltliche Gewalt des Kaisers und des Staates. Beide Mächte sollten friedlich neben einander herrschen, jede auf ihrem eigenen Gebiete. Er sah mit Abscheu, wie Frankreichs Könige die Hand nach dem schönen Italien ausstreckten, wie sie den Papst zu unterjochen strebten, wie die Habsucht, „die uralte Wölfin," das Heiligste befleckte, wie Florenz, Dantes Vaterstadt, der Sitz der Ungerechtigkeit war. Er, der Florentiner, verabscheute Florenz, weil er Italien liebte. Er, der für die geistliche Macht der Kirche eifrige Katholik, der im Purgatorium vor einem Papste knieen wollte, beweinte mit blutigen Thränen die Mißbräuche, die er sah; er verabscheute sie, weil er die Gerechtigkeit liebte. Und er war kein stummer, furchtsamer Freund der Wahrheit. Erschütternd, donnergleich erscholl seine gewaltige Stimme. Er ist der Dichter der Kraft und der Wahrheit.

So sehe ich Ihn an, und so entstand diese Uebersetzung, ein schwaches Echo seines mächtigen Wortes. Wie weit sie hinter dem Original zurück bleibt, das fühle ich wohl; doch wenn auch nur Wenige, welchen Dantes Geist sonst fremd bliebe, sich davon ergriffen fühlen, halte ich meine Arbeit nicht für vergeblich. —

Die dritte Abtheilung: „Das Parabies" soll, will's Gott, zu Ende des Jahres erscheinen.

Die Hölle.

I. Gesang.

Es war in unſ'res Lebensweges Mitte,¹)
Da fand ich mich in eines Waldes Nacht,
Weil abgeirrt vom rechten Pfad die Schritte.
Ach, wie ſo ſchwer iſt's, dieſes Waldes Schrecken
Zu ſchildern, der in wilder, rauher Macht,
Noch im Erinnern neue Furcht muß wecken.
So herb iſt er, daß bitt'rer kaum das Sterben;
Doch red' ich erſt von Anderm, das ich fand,
Dann von dem Heil, das dort ich durft' erwerben.
Wie ich hinein kam, kann ich nicht wohl ſagen,
Da mich der Schlaf im Augenblicke band,
Wo ich die falſche Straße eingeſchlagen.
Als ich an eines Hügels Fuß gelangte,
Wo ſich verſchloß das waldbewachſ'ne Thal,
Darob mein Herz in Schreckens Schauern bangte,

1. Gesang.

16 Schaut' ich empor und sah des Hügels Rücken
Bekleidet schon mit des Planeten Strahl, ²)
Der überall läßt rechte Bahn erblicken.

19 Schon milder ward die Furcht von mir empfunden,
Die mir im See des Herzens stockte schwer
In jener Nacht, die voll von Pein entschwunden.

22 Dem Manne gleich, der bang nach Athem ringet,
Wenn er, an's Land gekommen aus dem Meer,
Das Wasser anschaut, das Gefahren bringet,

25 So wandte sich mein Geist, der stets noch bebte,
Zurück zum Passe an des Waldes Rand,
Der Keinen durchgelassen noch, der lebte.

28 Nachdem geruhet meine müden Glieder,
Schritt also ich, daß stets der Fuß, der stand,
Der tief're war, fort durch die Wüste wieder. ³)

31 Und sieh, am Anfang fast des Hangs entdecket
Mein Blick ein schnelles, leichtes Pantherthier,
Bedeckt mit einer Haut, die bunt geflecket.

34 Ich sah es immer vor den Augen stehen,
Und es versperrte so den Aufgang mir,
Daß wiederholt zurück ich wollte gehen. ⁴)

37 Die Zeit war es vom Morgenanbeginne,
Die Sonne stieg mit dem Gestirn im Bund,
Das mit ihr war, als Gottes hohe Minne

40 Zuerst bewegt' die Welt, die schöne, helle, ⁵)
So daß mir Gutes zu erwarten Grund
Von jenem Thiere mit dem lust'gen Felle

I. Gesang.

Die Tagesstund und süße Jahreszeit ließen, 43
Doch also nicht, daß mir nicht Furcht kam nah
Beim Anblick eines Löwen, den ich ziehen
Entgegen mir mit hoch erhob'nem Haupte 46
Und mit der wilden Wuth des Hungers sah,
Daß drob die Luft erbebte, wie ich glaubte.
Und eine Wölfin, die mit Gier beladen, 49
Mit wüth'ger, schien in ihrer Magerkeit,
Und Viele schon gebracht zu schwerem Schaden
Durch ihres Ausseh'ns wilde Furchtbarkeit, 52
Daß ich die Hoffnung aufgab zu der Höhe.
Dem Manne gleich, der gierig zu gewinnen,
Wenn ihn bedrohet des Verlustes Loos, 55
Sich härmt und klagt in allem seinem Sinnen,
Mußt' ich ob jenes Thieres mich betrüben,
Das, mir entgegen kommend friedenlos, 58
Zurück mich, wo die Sonne schweigt, getrieben.
Zum niedern Orte weichend sah ich zeigen
Vor meinen Augen plötzlich Einen sich, 61
Der heiser mir erschien durch langes Schweigen.⁶)
Als in der Wüste ich erblickt ihn hatte,
Rief ich ihm zu: „Erbarme meiner dich, 64
Wer du auch seist, ob wahrer Mensch, ob Schatte!"
„Nicht Mensch," sprach er, „ein Mensch bin ich gewesen;
Lombarden danke ich des Daseins Lust, 67
Und daß mir Mantua als Wieg' erlesen.
Zur Zeit des Julius ward ich geboren,⁷)

1. Gesang.

70 Doch spät, und lebt' iu Rom unter August,
Als noch die Welt, im Götzendienst verloren.
Ein Dichter war ich, sang von jenem guten
73 Anchisesſohne, der aus Troja kam,
Als Ilion's Pracht verſank in Flammengluthen.*)
Doch du, was kehrſt du wieder zu den Leiden,
76 Erſteigſt die Höhe nicht, die frei vom Gram,
Der Urſprung iſt und Anfang aller Freuden?"*)
„So biſt du denn Virgil, biſt jene Quelle,
79 Der alſo reich der Rede Strom entſprang?"
Rief ich mit ſchamgebeugter Stirne ſchnelle,
„O du, der andern Dichter Ruhm und Schimmer,
82 Mir fromme Fleiß und großer Liebe Drang,
Womit in deinem Buch ich forſchte immer!
Du biſt mein Vorbild, du haſt mich belehret,
85 Du biſt's allein, durch welchen ich gewann
Den ſchönen Styl, der mich ſo hoch geehret.
Sieh jenes Thier, d'rob ich zur Flucht geſtrebet,
88 Hilf mir dawider, du berühmter Mann,
Weil jeder Puls mir, jede Ader bebet!"
„Auf anderm Wege mußt du fort von hinnen,"
91 Erwiedert' er, da er mich weinen fand,
„Wenn du dem wilden Orte willſt entrinnen;
Das Thier, durch welches du verzagt geworden,
94 Läß't keinen Wandrer ziehen durch dieß Land,
Es hindert ihn, und trachtet ihn zu morden.
Alſo verkehrt und boshaft iſt ſein Weſen,

Daß nichts kann stopfen seinen gier'gen Schlund, 97
Es kann vom alten Hunger nie genesen.
Mit vielen Thieren wird es sich noch paaren,
Wie früher schon, bis kommt der Doggenhund, 100
Durch den es bitter wird den Tod erfahren. [10])
Der wird von Land nicht, noch von Erz sich nähren,
Von Weisheit, Tugend nur allein und Lieb', 103
Und zwischen beiden Feltri sich bewähren.
Das nied're Welschland wird durch ihn gesunden,
Für das Camilla einst, die Jungfrau blieb, 106
Eurial', Turnus auch empfingen Wunden. [11])
Durch alle Städte wird er hin es jagen
Zurück bis in den Höllenschlund hinein, 109
Von wo der Neid zuerst es weggetragen.
Zu deinem Heile ist's, so muß ich denken,
Daß du mir folgst, ich will dein Führer sein, 112
Und dich von hier zum ew'gen Orte lenken,
Wo du wirst hören der Verzweiflung Stöhnen,
Und jener alten Geister Jammer schau'n, 115
Die alle nach dem zweiten Tod sich sehnen.
Und Die wirst du erblicken, die zufrieden
Im Feuer sind, gestärkt von dem Vertrau'n, 118
Daß ihnen Heil, wann es auch sei, beschieden.
Willst zu den Sel'gen dann du dich erheben,
So führt dich eine Höh're in dieß Land, [12]) 121
Ihr werd' ich dich beim Scheiden übergeben;
Denn jener Kaiser mit der höchsten Krone [13])

Will, weil ich seiner Satzung widerstand,
Nicht, daß durch mich man nahe seinem Throne;¹⁴)
Er waltet dort, und herrscht an jedem Orte,
127 Doch dort ist seine Stadt und sein Castell;
O selig der, dem offen diese Pforte!"
Und ich: "Laß mich zu dir, mein Dichter, flehen
130 Beim Gott, den du nicht kanntest, daß ich schnell
Mag diesem Gram und ärgerem entgehen,
So führe dort mich hin, wo du's versprochen,
133 Damit ich seh' des heil'gen Petrus Thor,¹⁵)
Und Jene, die du malst als schmerzgebrochen!"
Ich folgte ihm; denn schon schritt er mir vor.

II. Gesang.

Der Tag verging, die düst're Luft befreite 1
Die Lebenden, die in der Erdennoth,
Von ihren Mühen all', und ich nur weihte
Dem Kampfe mich, den peinlich und verwirret 4
Des Weges Qual mir und das Mitleid bot,
Und den Gedächtniß schildert, das nicht irret.
O Musen, hoher Geist, helft meinem Wollen, 7
Erinn'rung, die du schriebst, was ich geseh'n,
Jetzt wird dein Adel sich erproben sollen!
Ich sagte: „Dichter, der du her mich führest, 10
Betrachte meine Kraft, ob sie besteh'n
Kann, eh' du mich zum hohen Gang erküresl!
Daß Silvius Vater sterblich fortgegangen ¹) 13
In's wandellose Reich, stellst du uns dar,
Und daß er leibhaft durfte hingelangen,
Und wenn der Widersacher alles Bösen 16
Ihm freundlich war, weil er die Wurzel war
Von einem Stamm, zu Hohem auserlesen, ²)

19 Darf es nicht unverdient ein Kluger finden;
Denn auserwählet hat ihn Gottes Wort,
Daß Rom und dessen Reich er sollte gründen;
22 Es wurden Stadt und Reich, um wahr zu sagen,
Geschaffen, um zu sein der heil'ge Ort,
Für Den, dem Petri Amt ward übertragen.[3]
25 Dadurch, so singt dein Lied es ihm zur Zierde
Des Ruhms, vernahm er Das, was ihm verschafft
Den Sieg, der Grund ward zu der Papsteswürde.[4]
28 Und das Gefäß, das Gott wollt' auserwählen,[5]
Ging hin und schöpfte für den Glauben Kraft,
Der Anfang ist des Wegs zum Heil der Seelen.
31 Doch wie käm' ich dahin? wer will's erlauben,
Da ich Aeneas nicht, noch Paulus bin?
Nicht ich, noch And're dessen werth mich glauben.
34 D'rum solchem Gange mich zu überlassen,
Verriethe, fürcht' ich, einen tollen Sinn,
Du wirst mich besser als ich rede fassen."
37 Wie Dem, der nimmer will was erst er wollte,
Weil neuer Zweifel vom Entschluß ihn zog
Und weit von dem entferute was er sollte,
40 Ward jetzo mir am büst'ren Bergeshange;
Das Wagniß gab ich auf, als ich's erwog,
Obgleich mir im Beginne nicht war bange.
43 „Sofern ich deine Worte wohl verstanden,"
Der Schatte sprach's, der Hohes nur begehrt,
„Erbebt dein Herz in nied'rer Feigheit Banden,

Die oftmals so des Menschen Sinn umgrauet, 46
Das sie ihn ab von würd'gem Ziele lehrt,
Wie Truggestalt ein Thier, das sie erschauet.
Daß du dich endlich magst der Furcht entschlagen, 49
Künd' ich, warum ich kam, was ich gehört,
Als ich begonnen, Leid um dich zu tragen.
Ich mußte zwischen Höll' und Himmel schweben,*) 52
Da rief mich eine Frau, schön und verklärt,
So daß ich ihrer Herrschaft mich ergeben;
Ihr Auge glänzt' in mehr als Sterneuschöne, 55
Sie sprach zu mir mit süßem, leisem Wort,
Und ihrem Mund entflossen Engelstöne:
„O edler Geist des Mantuaner-Weisen, 58
Von dem der Ruhm noch in der Welt lebt fort,
Und leben wird, so lang die Himmel kreisen,
Mein Freund, der nicht der Freund ist von dem Glücke, 61
Wird so in Angst auf öbem Pfad gebracht,
Daß er vor Schrecken sich gewandt zurücke;
Ich fürcht', er sei so weit schon abgekommen, 64
Daß ich zu spät zu Hülf' mich aufgemacht,
Nach dem was droben ich von ihm vernommen,
Nun gehe hin, und hilf ihm zu entrinnen 67
Mit deinem schmucken Wort und Dem was sich
Als nöthig zeigt, daß ich mag Trost gewinnen.
Ich bin Beatrix, die dich angetrieben; 70
Dorthin, woher ich kam, verlange ich,
Mich zog das, was mich sprechen macht, das Lieben.

73 Wenn ich vor meinem Herrscher werde stehen,
Werd' ich dich nennen oft zu deinem Preis."
Sie schwieg darauf, und ich begann zu flehen:
76 „O Frau voll Tugend, durch die überglänzet
Die Menschheit Alles, was der kleinste Kreis [7])
Des Himmels fasset, der die Erd umgränzet,
79 So lieb' ich dein Gebot, daß es erfüllen,
Und wär's schon jetzt, mir doch erschlene spät,
Mehr brauchst du deinen Wunsch nicht zu enthüllen;
82 Doch sage mir, warum zu steigen nieder
In diesen Mittelpunkt du nicht verschmäht
Vom weiten Ort, der heim dich rufet wieder?"
85 „Da du so tief willst in das Inn're schauen,"
Sprach sie darauf, „geb' ich dir drüber Licht,
Warum ich her kam ohne Schreckensgrauen;
88 Vor solchen Dingen soll allein man beben,
Die schaden können, doch vor andern nicht,
Die keinen Grund davor zu zittern geben;
91 Ich bin durch Gottes Huld also begnadet,
Daß euer Elend nicht an mich sich wagt,
Noch eine Flamme dieser Gluth mir schadet;
94 Von einer edlen Frau, die droben wohnet, [9])
Wird jenes Irrsals Hemmniß so beklagt,
Daß sie den Richter rühret, der dort thronet;
79 Sie rief Lucien her, ihr zu befehlen, [10])
Und sagte: „Jetzt bedarf dein Treuer dein,
D'rum will ich deiner Sorge ihn empfehlen."

Lucia, die, was grausam ist, muß hassen, 100
Stand auf und ging zu jenem Orte ein,
Wo ich bei Rachel nieder mich gelassen. ¹¹)
Sie sprach: „Beatrix, Lob vom wahrem Gotte, 103
Was hilfst du Jenem nicht, dem du so werth,
Daß er für dich sich fern hielt von der Rotte?
Hast du nicht seinen Klageruf vernommen, 106
Siehst du den Tod nicht, welcher ihn versehrt
Am Flusse, der dem Meer den Ruhm genommen?" ¹²)
Es hat sich in der Welt so schnell beweget 109
Zum Nutzen hin und von dem Schaden fort,
Noch nie ein Mensch, als ich mich jetzt geregt;
Ich kam herab aus meinen sel'gen Landen, 112
Vertrauend deinem edlen, würd'gen Wort,
Das dich und Jene ehrt, die es verstanden."
Und als sie so gesprochen hatte, wandte 115
Sie weinend ab der hellen Augen Licht,
Wodurch sie rascher noch hinweg mich sandte;
Und zu dir her kam ich, wie ich es sollte, 118
Entriß dich jenem Thiere, welches nicht
Auf kurzem Pfad zum Berg dich lassen wollte;
Was ist's? Warum, warum noch immer weilen? 121
Was herbergt noch dein Herz der Furcht so viel?
Was fehlt dir freier Muth, um fort zu eilen,
Nachdem doch drei so benedeite Frauen 124
Am Himmelshof dir helfen zu dem Ziel,
Und dich mein Wort auf Großes heißt vertrauen?"

127 Gleichwie die Blümchen, von der nächt'gen Kälte
Gebeugt, verschlossen, sich am Stiel empor
Gleich richten, wenn die Sonne sie erhellte,
130 So wurde ich, der müd' an Kraft gewesen,
Und solcher Muth quoll aus dem Herzen vor,
Daß ich begann, gleich Einem, der genesen:
133 „O mitleidsvoll kam sie mir beizustehen,
Und du bist freundlich, daß du schnell sofort
Der Wahrheit folgtest, die sie ließ verstehen!
136 Du hast durch Sehnsucht mir das Herz bereitet
Zum Pilgergang mit deinem kräft'gen Wort,
Das mich zum ersten Vorsatz wieder leitet;
139 Geh denn — wir haben Beide Ein Verlangen,
Mein Führer, Meister und Gebieter du!"
So sagt' ich ihm, und da er hingegangen,
142 Schritt auf dem tiefern Pfad dem Wald ich zu.

III. Gesang.

„Durch mich geht man zur Stadt, die voll vom Harme,   1
Durch mich geht man zur ew'gen Schmerzespein,
Durch mich geht man zu dem verlornen Schwarme.
Mein hoher Schöpfer ward vom Recht getrieben,   4
Es setzte mich der Gottheit Allmacht ein,
Die höchste Weisheit und das erste Lieben.¹)
Vor mir, von den erschaff'nen Dingen waren   7
Nur ewige, und ewig währ' auch ich,²)
Laßt, ihr, die eingeht, alle Hoffnung fahren."
Mit dunkler Farbe zeigten diese Worte   10
Geschrieben ober einem Thore sich,
D'rum sagt' ich: „Hart scheint mir die Schrift der Pforte."
Und er, gleich Dem, der Einsicht hat erworben: 13
„Ein jeder Zweifel bleibe hier zurück,
Und jede nied're Furcht sei hier erstorben;
Wir sind am Ort, von dem ich dich ließ wissen,   16
Daß die Unsel'gen dort erschaut dein Blick,
Die der Erkenntniß Gut auf ewig missen."

19 Als er die Hand in meine Hand geleget,
Mit heiterm Antlitz, mich zu trösten mehr,
Führt' er zum Reich mich, das Geheimniß heget.

22 Und Seufzer, lautes Heulen, Jammerstöhnen
Erschollen durch die Luft, an Sternen leer,
Weßhalb ich anfangs weinte bitt're Thränen.

25 Verschied'ne Sprachen, schaudervolle Zungen,
Wo Schmerz in Worten, Zorn in Lauten ruft,
Geschrei, der Hände Schlagen, die gerungen,

28 Sie kreis'ten unaufhörlich im Getümmel
In jener ohne Wechsel schwarzen Luft,
Gleich Sand im Wirbelwind bei trübem Himmel.

31 Und ich, im Kopfe wüst, vom Wahn gebunden,
Sprach: „Was doch, Meister, ist's, das mich verstört?"
Was ist's für Volk, vom Schmerz so überwunden?

34 Und er zu mir: „Es ist die ekle Weise,
Die jenen Jammerseelen angehört,
Die lebten leer vom Schimpf und leer vom Preise;

37 Gemischt sind sie mit den verworf'nen Schaaren
Der Engel, welche nicht mit Gott im Bund,
Noch wider ihn, allein für sich nur waren;

40 Verjagt vom Himmel, dessen Glanz sie trübten,
Empfängt sie nicht der tiefe Höllenschlund,
Daß Die sich rühmen nicht, die Böses übten."

43 Und ich: „Mein Meister, was macht sie denn klagen
So grauenvoll, worin besteht die Pein?"
Er sprach darauf: „Das will ich kurz dir sagen:

III. Gesang.

Des Todes Hoffnung lindert nicht ihr Leiden, 46
Und also niedrig ist ihr blindes Sein,
Daß sie jedwedes and're Loos beneiden.
Die Welt läßt ihr Gedächtniß nicht bestehen, 49
Sie sind des Rechts nicht, noch der Gnade werth,
D'rum laß' uns ohne Wort vorüber gehen."
Und eine Fahne, flatternd in den Winden, 52
Schaut' ich so wirbelnd um sich selbst gelehrt,
Als ob für sie nicht Rast noch Ruh' zu finden;
Ihr nach sah ich so lange Schaaren kommen 55
Von Leuten, daß ich niemals noch gedacht,
Daß schon der Tod so Viele weggenommen.
Nachdem ich Manchen nun erkannt von diesen, 58
Schaut' ich des Mannes Geist (wohl gab ich Acht,)
Der feig' die hohe Würde abgewiesen. ⁴)
Sogleich verstand ich deutlich ohne Zweifel, 61
Daß es die Rotte jener Schlechten war,
Mißfällig Gott und Gottes Feind, dem Teufel;
Die haben nie gelebt, die hier sich härmten, 64
Sie waren nackt, gestachelt immerdar
Von Bremsen, Wespen, welche sie umschwärmten;
Es war ihr Angesicht mit Blut begossen, 67
Das thränenuntermischt am Boden hier
Von ekelhaften Würmern ward genossen.
Und als ich weiter weggesehen hatte, 70
Da zeigt' an eines Stromes Ufer mir
Sich Volk; d'rum sprach ich: „Meister, jetzt gestatte

73 Zu wissen, wer sie sind, und welche Sitte,
Wie bei dem heisern Licht es hat den Schein,*)
Zum Uebergang beschleunigt ihre Schritte."
76 Und er: „Dieß wird dir klar auf diesem Pfade,
Wenn wir mit unsern Schritten halten ein
Am Acheron, am düstern Schmerzgestade." *)
79 Dann mit beschämtem und gesenktem Blicke
Voll Furcht, daß ihm mein Fragen sei verhaßt,
Hielt bis zum Strom die Worte ich zurücke.
82 Und sieh: auf einem Schiffe kam gefahren
Ein Greis, das Haar gebleicht von Altersllast,
Der rief: „Weh' euch aus der Verworf'nen Schaaren!
85 Hofft nicht, den Himmel wieder anzuschauen,
Ich führ' euch hin zu einem andern Strand',
In Hitz' und Frost, in ew'ges Nebelgrauen.
88 Was hast du dich, Lebend'ger, unterfangen?
Geh' fort von Jenen, die der Tod schon band!"
Als er nun sah, daß ich nicht weggegangen,
91 Sprach er: „Durch and're Buchten, and're Pfade
Magst du zum Ufer kommen, doch nicht hier,
Ein leichter Schiff nur führt dich an's Gestade." *)
94 Der Meister sprach: „Gib, Charon, dich zufrieden, *)
Und nicht erlaube läug'res Fragen dir,
Man will es, wo dem Willen Macht beschieden."
97 Die bärt'gen Wangen ruhten jetzt vom Greise,
Der Schiffer an der fahlen Pfütze war,
Und um die Augen hatte Flammenkreise.

III. Gesang.

Von diesen Seelen, nackt und müd gekommen, 100
Entfärbte zähneknirschend sich die Schaar,
Sobald die rauhen Worte sie vernommen;
Sie fluchten Gott, den Eltern, allen Dingen, 103
Der Menschheit, auch der Zeit, dem Ort, dem Keim,
Durch den sie Samen und Geburt empfingen;
Und ein Gedränge sah ich dann von Allen 106
Mit Heulen zu dem bösen Strand, der helm
Ruft Jeden, der nicht sucht Gott zu gefallen.
Der Dämon Charon, dessen Augen glühen, 109
Versammelt All' auf seinen Wink sie jetzt,
Schlägt mit dem Ruder Jene, die verziehen.
Gleichwie im Herbst die Blätter all' entschweben, 112
Eins nach dem andern, bis der Zweig zuletzt
Zurück der Erde jeden Schmuck gegeben,
So stürzen Die von Adams bösem Samen 115
Herab vom Strand sich auf den Wink geschwind,
Wie sonst wohl Vögel auf den Lockruf kamen.
Nun müssen sie auf dunklen Wellen fahren, 118
Und eh' sie jenseits angekommen sind,
Versammeln diesseits sich schon neue Schaaren.
„Mein Sohn," sprach da zu mir der gute Meister, 121
„Von Denen, die erblaßt in Gottes Zorn,
Sind hier aus jedem Land vereint die Geister,
Und schnell sind sie den Fluß zu übersetzen, 124
Weil die Gerechtigkeit als scharfer Sporn,
In Wunschesdrang verwandelt das Entsetzen;

127 Hier fahren über keine guten Seelen;
Wenn also Charon klaget über dich,
Kannst du den Sinn zu merken nicht verfehlen."
130 D'rauf zitterte das düstere Gefilde
So stark, daß banger Schweiß des Schreckens mich
Noch heut' durchdringt bei der Erinn'rung Bilde.
133 Ein Wind erhob sich in den Thränenlanden,
Daraus erblitzt' ein rothgefärbter Strahl,
Von dem geblendet alle Sinne schwanden;
136 Hinfiel ich dumpf betäubt mit Einem Mal.

IV. Gesang.

Es brach den tiefen Schlaf im Haupt mit Schrecken 1
Ein Donnerschlag, d'rob ich erbebte schwer,
Gleich Dem, den Leute mit Gewalt erwecken;
Den ausgeruhten Blick wandt' ich im Kreise, 4
Und schaute aufgerichtet fest umher,
Den Pfad wohl zu erkennen meiner Reise.
Wahr ist, daß ich mich nun befand am Saume 7
Von jenes Abgrunds schmerzenvollem Schlund,
Der stets Geheul empfängt in seinem Raume.
Tief, trüb und neblig war die Schlucht der Leiden, 10
Daß ich, wie fest ich schaute in den Grund,
Darin nichts fähig war zu unterscheiden.
„Jetzt laß hinab zur blinden Welt uns steigen" 13
Begann der Dichter, völlig schon erblaßt,
„Du folge mir, ich will den Weg dir zeigen."
Und ich, der seine Farbe wahrgenommen, 16
Sprach d'rauf: „Wie soll ich, wenn dich Furcht erfaßt,
Von dem mir Muth im Zweifel sonst gekommen?"

IV. Gesang.

19 D'rauf er zu mir: „Der Jammer von den Leuten,
Die unten weilen, malte im Gesicht
Das Mitleid mir, das nicht als Furcht zu deuten;
22 Der lange Weg heischt Eile unverdrossen."
So gingen wir, ich säumte ferner nicht,
Zum ersten Kreise, der den Schlund umschlossen.
25 Und hier war nach den Tönen, die wir hörten,
Kein ander Klagen als von Seufzern bloß,
Die bebend jene ew'ge Luft verstörten.
28 Das kam von Schmerz, den ohne Malergrauen [1])
Die Schaaren fühlten, deren Anzahl groß
Und reich an Kindern, Männern war und Frauen.
31 Der gute Meister sprach: „Du willst nicht fragen,
Was das für Geister sind, von Schmerz beseelt;
Nun werd' ich, eh' du weiter gehst, dir sagen,
34 Daß sündlos sie; doch ihre Werke frommen
Nicht zum Verdienste, weil die Taufe fehlt,
Die Pforte ist, zum Glaubensbund zu kommen.
37 Und wenn sie vor dem Christenthum waren,
Verehrten Gott sie nicht im rechten Sinn,
Ich selbst gehöre auch zu diesen Schaaren.
40 Ob solchen Mangels, nicht ob and'rer Schulden,
Sind wir verloren, leidend nur darin,
Daß hoffnungslose Sehnsucht wir erdulden."
43 Gewalt'ge Trauer fühlt' ich mich durchbeben,
Als ich's vernahm; denn Seelen ruhmesreich
Sah ich in diesem Höllensaume schweben.")

IV. Gesang.

„Sprich, Herr, sprich du, den ich als Meister ehre," 46
Begann ich, „denn Gewißheit sucht' ich gleich
Durch einen Glauben, der dem Irrthum wehre,

„Ging Einer je hervor aus solchen Banden, 49
Dem sein Verbleust, dem Anb're Heil gebracht"? ³)
Und Jener, der mein dunkles Wort verstanden,

Sprach d'rauf: „Ich war noch neu an diesem Orte, 52
Da sah ich Einen kommen voll von Macht,
Gekrönt mit Siegeszeichen, durch die Pforte.

Des ersten Vaters Geist hat er entführt, 55
Den Abel, Noa, Moses, welcher war
Gehorsam, da er durch Gesetz regieret,

Abram, David zum Königsthum erschwungen, 58
Jakob, deß Vater und die Kinderschaar,
Und Rachel auch, durch langen Dienst errungen,

Und viele Anb're noch hinauf zum Himmel, 61
Und wissen sollst du, daß vor ihnen nicht
Ein Geist gerettet ward im Weltgewimmel."

Er sprach; wir ließen's nicht am Gehen-fehlen 64
Und schritten immer durch den Wald, der dicht
Gebildet war von den gedrängten Seelen. ³)

Mir schien es, daß der Gipfel von uns wäre 67
Noch nicht sehr weit, als ich ein Feuer sah,
Erleuchtend jene Nebelhemisphäre;

Nicht völlig waren wir noch hingekommen, 70
Doch dem erhellten Orte schon so nah',
Daß ich Berühmte darin wahrgenommen;

73 „O du, der Kunst, der Wissenschaft zum Preise!
Wer sind die Seelen wohl, also entrückt
Durch hohe Ehre von der Andern Weise?"
76 D'rauf er: „Daß einen Namen sie verdienen,
Der oben sie in deinem Leben schmückt,
Erwirbt vom Himmel solchen Vorzug ihnen."
79 Und eine Stimme drang zu meinen Ohren:
„Ruhm sei und Preis dem hohen Dichter hier!
Sein Schatte kehrt zurück, den wir verloren."
82 Nachdem die laute Stimme still geschwiegen,
Da nahten uns der großen Schatten vier,
Nicht Schmerz, noch Freude sprach aus ihren Zügen.
85 Den guten Meister hört' ich nun erklären:
„Den mit dem Schwerte nimm besonders wahr,
Der vor den Andern geht, die ihn verehren, ⁴)
88 Es ist Homer, als Größter anzusehen,
Horaz, der Spötter, beut sich dann dir dar,
D'rauf kommt Ovid, zuletzt muß Lucan gehen.
91 Und weil ein Jeder so, wie ich, sich rühmet
Des Namens, welcher eben einzeln klang, ⁵)
Erweisen sie mir Ehre, die mir ziemet."
94 So sah versammelt ich im schönen Zuge
Die Schul' des Meisters im erhab'nem Sang,
Der ob den Andern schwebt im Adlerfluge. ⁶)
97 Gesprochen ward ein wenig erst von Allen,
Dann wandten sie zu mir im Gruße sich,
Mein Lehrer lächelte mit Wohlgefallen.

Und größ're Ehre ward mir noch erwiesen; 100
Zu ihrer Schaar gesellten sie auch mich,
So ward ich als der Sechste denn gepriesen.

Wir sprachen auf dem Weg zum Licht von Dingen, [7] 103
Worüber Schweigen jetzt sich schön erweist,
Wie es das Reden war, dort wo wir gingen, [8]

Und nahten einem herrlichen Castelle, [9] 106
Von hohen Mauern siebenfach umkreist,
Von einem Fluß vertheidigt klar und helle.

Wir schritten b'rüber wie auf festem Lande, 109
Durch sieben Thore traten wir nun ein,
Und fanden uns am frischen Wiesenrande,

Es waren Seelen dort, die ernsthaft schauten, 112
Von großer Würde schienen sie zu sein,
Sie sprachen wenig und mit sanften Lauten.

Wir gingen hin aus einer von den Ecken, 115
An einen off'nen, hohen lichten Ort,
So daß ich alle deutlich konnt' entdecken.

Uns gegenüber auf dem Rasengrunde 118
Bot sich der Großen Anblick mir sofort,
Der mich im Geist entzückt noch diese Stunde.

Ich schaut' Elektra mit noch viel Genossen, 121
Aeneas, Hektor kannt' ich und Cäsar,
Aus dessen Falkenaugen Blitze schossen,

Pentesila, Camilla konnt' ich sehen, [11] 124
Und drüben nahm ich den Latinus wahr
Und sah bei ihm sein Kind Lavinia stehen.

127 Den Brutus hab' ich, der Tarquin vertrieben,
Lucrezia, Julia, Martia auch erkannt, ¹²)
Cornelia, Salabin, allein geblieben; ¹³)
130 Als ich empor zu schauen mich befliffen,
Sah ich bei Denen, welche ihm verwandt,
Den Meister Jener ruhen, welche wissen, ¹⁴)
133 Umringt von Allen, welche ihn verehren;
Hier konnt' ich Sokrates und Plato seh'n,
Die sich vor Andern ihm zunächst bewähren;
136 Diogenes und Thales, Demokritos, ¹⁵)
Den Zufallslehrer, Den aus Klazomen,¹⁶)
Empedokles und Zeno, Heraklitos; ¹⁷)
139 Dioskorid', den Pflanzenkenner preisen, ¹⁸)
Schaut' ich und Orpheus, der gesungen hat,
Den Tullius, Livius, Seneca, den Weisen; ¹⁹)
142 Euklid der Messer, Ptolemäus waren ²⁰)
Hier, Avicen', Galen und Hippokrat, ²¹)
Averroës mit seinen Commentaren. ²²)
145 Ich kann genau von Allen nicht erzählen,
Weil mich der große Gegenstand so jagt,
Daß Worte oft für das Geseh'ne fehlen.
148 Der Sechs Genossenschaft schmilzt nun zu Zweien:
Fort aus der stillen in die Luft, die klagt,
Folg' ich auf anderm Wege jetzt dem Treuen,
151 Und komme dahin, wo es nicht mehr tagt.

V. Gesang.

Ich stieg vom ersten aus den Höllenringen 1
Zum zweiten, welcher mindern Raum umfängt,
Doch größr'e Schmerzen, die zum Heulen zwingen;
Dort knirschet Minos, Schauer zu erwecken, 4
Er prüft die Schuld beim Eingang und verhängt,
Indem er sich umschlingt, den Kreis der Schrecken.¹)
Ich sage, wenn die Seele schlecht geboren 7
Vor ihm erscheint, bekennt der Frevel Zahl,
Und er, zum Sündenkenner auserkoren,
Sieht, welcher Ort der Hölle ihr gebühret, 10
Umgibt sich mit dem Schweif er so viel Mal'
Als Stufen man sie tiefer abwärts führet.
Es müssen immer Viele vor ihm stehen, 13
Sie kommen nach einander zum Gericht,
Sie beichten, hören, um hinabzugehen.
„O du, zur Schmerzensherberg' hergelanget" 16
Schrie Minos, als ich kam vor sein Gesicht,
Und ließ vom Werk, vor dem den Frevlern banget,

19 „Wie willst du geh'n, zu wem Vertrauen fassen?
Dich täusche nicht die Weile von dem Thor."
Mein Führer sprach: „Das Schreien sollst du lassen;
22 Nicht hind're sein vorher bestimmtes Wagen,
Man will es dort, wo nie man Kraft verlor,
Zu thun das, was man will — hör' auf zu fragen."
25 Und Schmerzenstöne, die sich zu erheben
Beginnen, hör' ich jetzt und fühle schwer
Von vielen Jammerlauten mich erbeben.
28 Zum Ort, von jedem Lichte stumm, gekommen *)
Bin ich, der brüllet wie im Sturm das Meer,
Vom Kampf erregter Winde eingenommen.
31 Vom Höllenwirbel, der nie ruhig bleibet,
Sind hier die Geister wie im Raub entrafft,
Da er, umher sie schüttelnd, reißend treibet.
34 Und wenn sie nahe sind am Rand vom Schlunde,
Dann schallet, fluchend laut der Gotteskraft,
Geschrei und Weheruf aus ihrem Munde.
37 Und ich verstand, daß so in Qual befangen
Die sei'n, die in des Fleisches Lüsternheit,
Vernunft gehorsam machten dem Verlangen.
40 Wie auf den Flügeln Staare fort geführet
Im vollen Zug man sieht zur kalten Zeit,
So hier die Geister von dem Wind berühret.
43 Hieher, dorthin, hinab, herauf, so wendet
Er Die, zu benen keine Hoffnung ruft
Von Mind'rung jener Pein, die niemals endet;

Und wie die Kran'che zieh'n mit Jammerkrächzen, 46
Und lange Reihen bilden in der Luft,
So sah ich kommen nun mit lautem Aechzen
Die Schatten, in dem Sturme fortgetragen, 49
Weßhalb ich fragte: "Meister, wer sind hier,
Die, so gestraft mit schwarzer Lüfte Plagen?"
"Die Erste Jener, deren Stand zu kennen 52
Du wünschest", sprach der Lehrer d'rauf zu mir,
"War vieler Zungen Kaiserin zu nennen, ³)
Sie war der Unzucht Sünde so ergeben, 55
Daß sie Erlaubniß jeder Lust verlieh,
Die Schmach zu tilgen von dem eig'nen Leben;
Es ist Semiramis, von der zu lesen, 58
Daß ihrem Gatten Ninus folgte sie,
Das Land des Sultans ist ihr Reich gewesen.
Die Zweit' ist die, die sich aus Lieb' getödtet 61
Und so die Treu' dem todten Gatten brach; ⁴)
Dann kommt Kleopatra, die nie erröthet, ⁵)
Und Helena, durch die so langes Leiden 64
Dem Volke kam, Achill, der Held, hernach,
Der mit der Liebe kämpfte bis zum Scheiden." ⁷)
Den Paris, Tristan, mehr als tausend Schatten ⁸) 67
Zeigt' er mit Fingern, nannte dann sie mir,
Die liebeskrank den Tod erlitten hatten.
Nachdem ich meinen Lehrer so gehöret 70
Die Frauen nennen und die Ritter hier,
Bezwang mich Mitleid und ich ward verstöret.

73 Ich sprach: „Gern, Dichter, möcht' ein Wort ich sagen,
Zu jenen Beiden, die zusammen geh'n,
Und also leicht vom Wind sind fortgetragen." *)
76 Und er: „Wenn du uns nah' sie wahrgenommen,
Magst bei der Liebe du zu ihnen fleh'n,
Die her sie treibet und sie werden kommen."
79 Sobald der Wind sie zu uns hingelehret,
Rief ich: „Ihr Seelen, die von Leid gepreßt,
Kommt, sprecht mit uns, wenn's euch kein And'rer wehret."
82 Wie Tauben, von der Sehnsucht Trieb berühret,
Mit offnen Schwingen zu dem süßen Nest
Hinfliegen, von dem Willen fortgeführet,
85 So kamen Die hervor aus Dido's Schaaren,
Her durch die böse Luft zu uns geschwind,
Weil sie gelockt von trautem Rufe waren.
88 „Lebend'ge Seele, liebevolle, gute,
Die du uns heimsuchst in dem schwarzen Wind,
Die wir die Welt befleckt mit unserm Blute,
91 Wenn unser Freund des Weltalls König wäre,
Erbäten wir bei ihm den Frieden dir,
Weil du bedauerst unf'res Jammers Schwere.
94 Was du zu hören, reden bist geneiget,
Das werden gerne reden, hören wir,
So lang der Wind, wie jetzt gerade schweiget.
97 Die Stadt, wo ich zur Welt kam, ward gegründet
Am Meer, wo sich der Po ergießt und Rast
Mit seinen Nebenflüssen endlich findet. **)

Von Liebe, schnell entbrannt im weichen Herzen, 100
Ward Dieser für des Körpers Reiz erfaßt,
Den man mir nahm und wie! muß noch mich schmerzen.[11])
Die Liebe, die Geliebten nicht erlassen, 103
Will Liebe, drang auf mich so mächtig ein,
Daß, wie du siehst, sie noch nicht mich verlassen;
Zu Einem Tod trieb Liebe unf're Seelen, 106
Deß, der uns riß aus lebensvollem Sein,
Harrt noch Kaina", hört' ich sie erzählen.[14])
Als ich vernommen die gequälten Geister, 109
Neigt' ich das Angesicht und hielt es tief,
Bis: „Was bedenkst du?" zu mir sprach der Meister,
Und ich begann darauf erwiedernd: „Wehe! 112
Welch süßes Träumen, welche Sehnsucht rief
Die auf den Schmerzenspfad, wo ich sie sehe!"
Ich wandte mich an sie dann, um zu sprechen, 115
Und sagte zu Franziska: „Deine Qual
Macht mir das Herz in Mitleidthränen brechen;
Zur Zeit der süßen Seufzer, laß mich fragen, 118
Woburch und wie ließ es mit einem Mal
Die Lieb' in eurer Wünsche Dunkel tagen?"
Und sie: „Nichts ist ein größ'rer Schmerz zu nennen, 121
Als zu gedenken einer frohen Zeit
Im Gram, dein Lehrer mußte dieß erkennen.[15])
Doch hegst du zu entdecken solch' ein Sehnen 124
Die erste Wurzel unf'rer Zärtlichkeit,
So werb' ich thun gleich Dem, der spricht in Thränen.

127 Wir lasen eines Tages von der Minne
Des Lanzelot zur Kurzweil das Gedicht¹⁴)
Allein und trugen Arges nicht im Sinne.
130 Die Augen mußten öfter sich zu finden
Beim Lesen und entfärbt war das Gesicht,
Doch eine Stelle mußt' uns überwinden;
133 Wir lasen, wie das Lächeln still erflehet¹⁵)
Gelüsset ward von Dem, den Liebe trieb,
Da küßte Der, der niemals von mir gehet,
136 Mich bebend auf den Mund, weßhalb ich sage:
Das Buch war Galeott' und der es schrieb;¹⁶)
Nicht weiter lasen wir an jenem Tage."
139 Als solches uns der eine Geist erzählte,
Da weinte so der and're, daß erfaßt
Von Mitleid Ohnmacht mich beinah entseelte,
142 Ich fiel gleich einem Leib im Tod erblaßt.

VI. Gesang.

Wie mir der Sinn zurückkommt, den verschlossen 1
Die Trauer, die mir auf der Seele lag,
Aus bangem Mitleid mit den zwei Genossen,
Seh' neu' Gequälte, neuer Qualen Grauen, 4
Ich ringe um mich, wohin ich gehen mag,
Wohin mich wenden oder um mich schauen.
Ich bin nun in des Nebels drittem Kreise 7
Voll Regen, ewig kalt, verflucht und schwer,
Der nie das Maß verändert und die Weise;
Schnee, Hagel, dunkles Wasser wälzt im Kampfe 10
Sich wirbelnd in der Nebelluft umher,
Die Erde nimmt dieß auf mit eklem Dampfe.
Der Cerberus, ein Thier von grausem Stamme,[1] 13
Bellt aus drei Schlünden, einem Hunde gleich,
Die Leute an, die hier versenkt im Schlamme;
Es trieft sein Bart, roth sind die Augenhöhlen, 16
Die Hand hat Klau'n, der Bauch ist umfangreich,
Er kratzt, schindet, viertheilt diese Seelen.

19 Der Regen machet heulen sie wie Hunde,
Die eine Seite beut der andern Schutz,
Die Bösen wenden oft sich auf dem Grunde.

22 Kaum waren wir erblickt vom großen Drachen,
So regt er alle Glieder uns zum Trutz,
Und wies die Hauer in dem off'nen Rachen.

25 Mein Führer nahm mit ausgespannten Händen
Die Erde, um aus voller Faust sie dann
In die begier'gen Schlund' im Wurf zu senden.

28 So wie der Hund sich läßt zur Ruhe bringen,
Und nicht mehr bellt, wenn er den Fraß gewann,
Und anbeißt, nur bedacht, ihn zu verschlingen,

31 So wurden's auch die Mäuler schmutzbefleckt
Des Dämons, der Verlangen taub zu sein
Durch sein Getös' in jenen Seelen wecket;

34 Wir schritten über die von Regengüssen
Herabgeworf'nen Schatten, auf den Scheln,
Der Körper vorstellt, tretend mit den Füßen,

37 Sie lagen ausgestrecket auf der Erde,
Nur einer nicht, der uns erblickend sich
Zum Sitzen hob mit eiliger Geberde.

40 „O du, zu dieser Höllenfahrt erkoren,"
Sprach er, „erkenne, wenn's dir möglich, mich;
Du trat'st in's Leben, eh' ich es verloren.

43 Und ich zu ihm: „Die Qual, die dich umstricket,
Tilgt dich vielleicht aus dem Gedächtniß mir,
So daß es scheint, daß ich dich nie erblicket;

VI. Gesang.

Doch sag' mir, wer du bist, der du versetzet 46
An diesen Jammerort zur Pein wardst hier,
So arg, daß keine größ're mehr verletzet."

Und er: „Die Stadt, die so dem Neid ergeben, 49
Daß voll davon der Topf muß übergeh'n,
War Heimat mir in jenem heiterm Leben.

Mitbürger, ihr habt Ciacco mich gescholten, ²) 52
Es wird die Gaumenlust, wie du kannst seh'n
Die schlimme, hier im Regen mir vergolten.

Ich Jammergeist bin nicht allein am Orte, 55
All' Diese dulden gleiche Pein, wie ich,
Für gleiche Schuld." mehr macht' er nicht der Worte

Ich sagt' ihm d'rauf: „O Ciacco, deine Leiden 58
Bewegen bis zu Mitleidsthränen mich
Doch künde, wenn du's weißt, wie sich entscheiden ³)
Die Bürger jener Stadt, die so sich hassen, 61
Ob ein Gerechter b'rinn und was es sei,
Weßhalb von Zwietracht sie sich ließ erfassen."

Und er: „Nach vielen kampfbereiten Tagen 64
Kommt es zum Blute und die Waldpartei
Wird fort mit argem Schimpf die Andern jagen: ⁴)
Dann kommt die Zeit, wo Jene wieder trauert 67
Noch vor drei Sonnen, Diese siegen doch
Durch die Gewalt von Dem, der jetzo lauert. ⁵)

Erhoben wird er lang das Antlitz halten 70
Und Jene beugen unter schweres Joch,
Wie sie auch weine unter solchem Wallen.

73 Gerecht sind zwei, doch die will man nicht hören, *)
   Da Stolz und Neid und Gelz drei Funken sind,
   Die flammenheiß die Herzen dort verstören."
76 Es schwieg der Stimme Ton, der trüben, bangen,
   Und ich: „Noch mehr belehre mich geschwind,
   Mehr zu vernehmen trage ich Verlangen.
79 Wo Farinata und Tegghiajo, Männer
   Von Werth, wo Heinrich Mosca, Rustican,
   Und Aub're, die der Bürgertugend Kenner,
82 Sag' wo sind sie und woll' es mir entdecken,
   Es treibt mich heft'ger Wunsch zu wissen an,
   Ob Himmelssüß, ob Höllengift sie schmecken."
85 Sie sind bei Seelen, schwärzer noch zu nennen,
   Verschieb'ne Schuld hält unten sie am Grund,
   Steigst du so tief, dann wirst du sie erkennen.
88 Wenn du zurück zur süßen Welt gekommen,
   So mache mein Gedächtniß neu dein Mund,
   Dieß bitt' ich, läng're Rede kann nicht frommen."
91 Die g'raben Blicke wurden ihm zu scheelen,
   Er sah mich an, dann neigt' das Haupt er, schon
   Hinsinkend wie die andern blinden Seelen."
94 Der Führer sprach: „Er wird nicht eh' erstehen,
   Als bei der englischen Posaune Ton.
   Wenn sie die Macht des Feindes kommen sehen,
97 Ziemt's, daß zum traur'gen Grab sich Jeder wende
   Und wieder anzieh' seines Fleisches Kleid,
   Und höre, was ihm nachdröhnt ohne Ende."

Da so wir langsam durch die Mischung gingen 100
Von schmutz'gem Regen und der Schatten Leib,
Etwas berührend von des Jenseits Dingen,
Sprach ich: "O Meister, werden diese Peinen 103
Noch wachsen nach dem schrecklichen Gericht,
Gleich heftig bleiben oder sich verkleinen?"
Und er: "Du wirst's bei deinem Lehrer finden, *) 106
Der klar: "Je mehr ein Ding vollkommen," spricht,
"So mehr muß Lust und Schmerzen es empfinden,"
Obwohl dieß Volk, das seufzet unterm Fluche, 109
Nie kommen wird zum rein vollkomm'nen Stand,
Erwartet mehr es nach dem großen Spruche."*)
Wir gingen, mehr als hier verzeichnet stehet 112
Noch sprechend, rings auf jenes Pfades Rand,
Bis zu dem Punkte, wo man abwärts gehet,
Und ich den großen Feind, den Pluto fand. *) 115

VII. Gesang.

1 „Ei Satan, ei du Fürst der Höllenkreise!"
So krächzte Pluto jetzt im rauhen Ton, ¹)
Und der es wohl verstand, der edle Weise,
4 Sprach mir zum Trost: „Laß Furcht dich nicht versehren,
Denn ob er große Macht besitzet schon,
Wird er hinabzusteigen dir nicht wehren."
7 Dann wandt' er sich zu dem geschwoll'nen Munde,
Und sagte: „Schweig, verfluchtes Wolfsgethier, ²)
Verzehr' dich selber in dem wüth'gen Schlunde.
10 Ohn' Ursach' nicht siehst du hinab ihn fahren,
Man will es so, wo Michael an dir
Einst Rache nahm und den empörten Schaaren."
13 Gleichwie umwickelt, wenn der Mast zerbrochen,
Geblähte Segel fallen in dem Schiff,
So fiel das Ungethüm, als er gesprochen;
16 Wir mußten nun zum vierten Kreise steigen,
Mehr uns versenkend in den Schmerzensriff,
Dem alles Weh' der ganzen Welt zu eigen.

Wer häuft die neuen Peinen, neuen Qualen, 19
Die hier ich sah, o göttliches Gericht!
Wie müssen wir so schwer die Schuld bezahlen!
Wie über der Charybdis sich die Welle 22
An der, die ihr begegnet, brausend bricht,
So dreht sich dieses Volk im Reigen schnelle.
Hier sah ich zahlreich mehr, als sonstwo, Haufen 25
Entgegen sich mit Brüllen ohne Ruh'
Gewaltsam keuchend, Steine wälzend, laufen;
Sie trafen sich, dann wandten sie sich Alle; 28
„Was hältst du fest, und was verschleuderst du?"
So schrieen wechselnd sie mit lautem Schalle.
Sie wandten immer sich im finstern Kreise 31
Von einer Seite zu der andern hin,
Stets rufend in der schmacherfüllten Weise;
Dann drehte Jeder, wenn er angekommen, 34
Im Halbkreis sich zu neuen Streits Beginn,
Und ich, im Herzen ganz von Schmerz beklommen,
Ich sagte: „Jetzt, mein guter Meister, deute 37
Mir an, was das für Volk, ob Priester hier
Die kahl Geschor'nen an der linken Seite."
„Sie waren all' verkehrt im ersten Leben, 40
In ihrem Geiste so," sprach er zu mir,
„Daß sie mit Maß nie wußten auszugeben;
Sehr deutlich muß es ihr Gekläffe nennen, 43
Wenn sie an den zwei Punkten kommen an,
Wo Sünden, die im Gegensatz, sie trennen;

46 Die waren Priester, deren Haupt von Haaren
Entblößt ist, Cardinäle, Päpste dann,
Die ganz von schnödem Gelz besessen waren.

49 Und ich: „Mein Meister, sollt' ich unter Diesen
So Manche nicht erkennen, die befleckt
Durch solche Uebel b'roben sich erwiesen?"

52 Und er zu mir: „Du hegest eitles Meinen;
Des dunklen Lebens Schmutz, der sie bedeckt,
Läßt sie unkenntlich jedem Blick erscheinen.

55 Sie werden immer aufeinander prallen,
Die mit geschloss'ner Faust zu ihrer Zeit,
Die mit geschornem Haar der Gruft entwallen,

58 Schlecht geben, schlecht behalten hat genommen
Die schöne Welt und sie gebracht zum Streit,
Den auszumalen keine Worte frommen.

61 Jetzt kannst du, Sohn, die kurze Posse sehen
Der Güter, die Fortuna uns verspricht,
Und die auf Erden machen Kampf entstehen;

64 Denn alles Gold, das unter'm Mond mag blinken
Und blinkte je, vermöchte einer nicht
Der müden Seelen hier zur Ruh' zu winken."

67 Ich sprach: „Mein Meister wolle mir vertrauen:
Wer ist Fortuna, die du nanntest jetzt,
Die Erdengüter hält in ihren Klauen?"

70 Und er zu mir: „Geschöpfe, wahnversenket,
Wie hat des Wissens Mangel euch verletzt;
Von meinem Spruche sei'st du jetzt getränket;

VII. Gesang.

Er, dessen Weisheit Alles übersteiget, 73
Er setzte für die Himmel Lichter ein,
Daß jeder Theil sich jedem leuchtend zeiget,
Und so in gleichem Maß sich Licht verbreitet: 76
So stellt er vor der Erdenschätze Schein
Die Schaffnerin, die sie vertheilend leitet,
Und übergehen läßt die eitlen Schätze 79
Von einem zu dem andern Stamm und Blut,
Ob auch der Menschen Sinn sich widersetze;
Ein Volk gewinnt so und das and're weichet, 82
Nach Jener Rathschluß, die es heimlich thut,
Gleichwie die Schlange in dem Grase schleichet;
Umsonst steht eure Einsicht ihr entgegen, 85
Sie siehet vor, sie richtet und vollführt
In ihrem Reich, wie and're Götter pflegen; [5]
Kein Stillstand ist an ihrem Lauf zu blicken, 88
Es drängt sie Noth, daß sie so schnell sich rührt;
Denn nichts bleibt gleich in menschlichen Geschicken.
Sie ist's, ge'n die so vieler Schimpf ergehet, 91
Von Denen selber, die sie reich beschenkt,
Indem mit Unrecht man sie böslich schmähet.
Doch sie ist selig, hört das Lästern nimmer, 94
Mit den erschaff'nen Erstlingswesen lenkt
Sie ihre Sphäre froh im Sternenschimmer.
Jetzt gehen wir hinab zu größern Leiden; 97
Schon sinkt ein jeder Stern, der beim Beginn
Der Reise stieg; d'rum ziemt's von hier zu schreiben."

100 Wir kamen, als zum andern Rand wir gingen,
   An einen Quell, der siedend stürzet hin
   In einen Bach, deſſ' Wellen ihm entſpringen;
103 Mehr trüb als purpurn war die Fluth zu ſchauen,
   Und in Genoſſenſchaft vom dunklen Fluß
   Ging es hinab auf neuem Weg voll Grauen.
106 Es bildet einen Sumpf, den Styx, der bange ᵃ)
   Und traur'ge Bach, wenn er gelangt zum Fuß
   Im Sturze von dem ſchlimmen, grauen Hange.
109 Befliſſen ſtets, um mich herumzuſehen,
   Fand koth'ges Volk in jener Pfütze ich,
   Ganz nackt und mit ergrimmtem Antlitz ſtehen;
112 Nicht nur mit Händen ſah ich ſie verſetzen.
   Mit Kopf und Bruſt und Füßen Stöße ſich,
   Und mit den Zähnen reißen ſich in Fetzen.
115 Der gute Meiſter ſagte: „Sieh die Seelen,
   Die Zorn beſiegt in ihrem Erdenlauf;
   Auch will ich dir die Kunde nicht verhehlen,
118 Daß unter'm Waſſer Leute ſeufzend bleiben,
   Und Blaſen bilden machen oben auf,
   Wie dir das Auge zeigt, wo Wirbel treiben.
121 Im Schlamme ſprechen ſie: „Wir waren traurig
   In ſüßer Luft, die ſich der Sonne freut,
   Ein ſchleichend Feuer qualmte in uns ſchaurig.
124 Nun müſſen bang in ſchwarzem Koth wir ringen;
   Im Halſe gurgeln ſie dieß Lied voll Leid,
   So daß nicht völlig kann das Wort erklingen."

VII. Gesang.

Wir gingen so auf einem großen Bogen 127
Der Pfütze zwischen Riff und Lache jetzt,
Und sah'n Die an, die tranken schmutz'ge Wogen,
Zu einem Thurme kamen wir zuletzt. 130

VIII. Gesang.

1 Ich fahre fort und sage, daß noch ehe
 Wir an dem Fuß des Thurmes kamen an,
 Der Blick gezogen ward zu seiner Höhe,
4 Weil dort wir sahen zweier Flämmchen Schimmer,
 Und eines das Signal erwiedern dann, ¹)
 So fern, daß kaum erkennbar das Geflimmer.
7 Und zu dem Meer, d'rinn alle Einsicht mündet, *)
 Sprach ich: „Was wird durch Leuchten kund gemacht,
 So dort wie hier, und wer hat dieß entzündet?"
10 Und er: „Schon kannst du ob den schmutz'gen Wogen
 Bemerken Jenen, harrend auf der Wacht,
 Wenn nicht des Sumpfes Qualm ihn dir entzogen."
13 Es hat von einer Sehne noch so schnelle
 Entsandt ein Pfeil die Luft durchschwirret nie,
 Als ich ein kleines Schifflein auf der Stelle
10 Auf jenem Wasser nahend wahrgenommen,
 Gelenkt von einem Fährmann nur, der schrie:
 „Verruchte Seele, bist du angekommen!"

„Dein Ruf, Phlegias, zeigt ein falsches Meinen." ³) 19
So wurde von dem Meister ihm gesagt,
„Nur auf der Fahrt zählst du uns zu den Deinen."
Wie Der von einem großen Truge höret, 22
Der ihm geschah und d'rüber sich beklagt,
So ward Phlegias jetzt vom Zorn verstöret.
Mein Führer war nun in den Kahn gestiegen, 25
Und ließ nach ihm hinein auch treten mich,
Erst als ich d'rin stand, schien er schwer zu wiegen.
So bald wir beide in dem Nachen waren, 28
Zog hin der alte Kiel, vertiefend sich
Mehr in der Fluth, als mit den andern Schaaren.
Da so den Weg wir durch den Moor genommen, 31
Sah Einen ich vor mir, bedeckt mit Koth,
Er sprach: „Wer bist du, vor der Zeit gekommen?"
„Nicht um zu bleiben bin ich hergelanget, 34
Doch wer bist du, so häßlich in der Noth?"
Sagt' ich und er: „Ich bin ein Geist, der banget."
Drauf ich zu ihm: „Mit Weinen und mit Trauer, 37
Verfluchte Seele, bleib' an deinem Ort,
Ich kenn' dich jetzt, trotz deines Anblicks Schauer."
Da griff er zu dem Kahne mit den Händen, ⁴) 40
Der Meister stieß ihn weg und sagte: „Fort!
Hin zu den andern Hunden laß dich senden."
Virgil, deß' Arme meinen Hals umschlangen, 43
Sprach jetzt, mein Antlitz küssend: „Zorn'ger Mann!
Die Frau ist selig, welche dich empfangen!

46 Der war ein stolzer Mensch in jenem Leben,
Der keines Nachruhms Zierde sich gewann,
D'rum ist sein Schatte jetzt der Wuth ergeben.

49 Wie viele Kön'ge mag die Erd' umfassen,
Die hier wie Schweine einst im Schlamme steh'n,
Und schmähliches Gedächtniß hinterlassen."

52 Und ich: „O Herr, zur Lust würd' es mir frommen,
Ihn eingetauchet in dem Schlamm zu seh'n,
Bevor wir noch ans dieser Lache kommen."

55 Er sagte: „Eh' das Ufer wird erblicket
Von dir, find' ich hierin gesättigt dich,
Weil sich Erfüllung solchen Wunsches schicket."

58 Und Jenen sah nicht lange drauf zersetzen
Vom kothbedecktem Volke unten ich,
Noch lob' und preis' ich Gott für dieß Ergetzen. ⁵)

61 Frisch auf Phillpp Argenti! riefen Alle, ⁶)
Der wunderliche Florentiner biß
Wild auf sich selber ein in diesem Falle,

64 Hier lass' ich ihn, will mehr von ihm nicht sagen.
Als meine Ohren Schmerzensschrei zerriß,
Lauscht' ich, woher erklängen diese Klagen.

67 Der gute Führer sagte: „Endlich fahren
Wir zu der Stadt, die Dis genannt wird, Sohn,
Mit düstern Bürgern und den großen Schaaren." ⁷)

70 Ich sprach: „Ich unterscheide die Moscheen
Da unten in dem Thale deutlich schon,
Roth wie von Flammengluthen anzusehen."

VIII. Gesang.

Und er: „Das ew'ge Feuer, das voll Grauen 73
Sie innerlich erhitzet, läßt sie roth
Hier in den untern Höllengründen schauen."
Wir kamen hin jetzt in die tiefen Gräben 76
Um diese Stadt voll trostesleerer Noth,
Die Eisenmauern schienen zu umgeben,
Und hatten schon umhergekreuzet lange 79
In weiten Kreis', bis laut der Steuermann
Rief: „Geht, hier ist das Thor zu dem Empfange."
Da sah ich mehr als tausend, die gefallen 82
Vom Himmel einst, die schrie'n uns zornig an:
„Wer ist der Mann, der vor dem Tod darf wallen
In's Reich der Todten mit vermess'nem Wagen?" 85
Es gab mein guter Meister zu versteh'n,
Daß in's Geheim ein Wort er wolle sagen;
Sie zähmten etwas nun die wilde Sitte, 88
Und sprachen: „Komm' allein und Der soll geh'n,
Der hieher lenkte seine kecken Schritte;
Er zieh' allein zurück die Thorenstraße, 91
Versuchen soll er's, denn du bleibest hier,
Der du geführt ihn hast die finst're Gasse."
Denk, Leser, selbst, ob sich der Muth bewähren 94
Bei den verfluchten Worten konnte mir;
Denn niemals glaubt' ich wieder heimzukehren.
„Mein theurer Führer, der du mehr als sieben 97
Mal schon Gefahren, die vor'm Augesicht
Wild drohten, rettend von mir weggetrieben,

VIII. Gesang.

100 Laß mich," so sprach ich, „hilflos nicht verschmachten,
Und wird das Weitergeh'n geduldet nicht,
Laß uns zusammen schnell zur Heimkehr trachten."
103 Der Meister, welcher mich hieher geleitet,
Sprach: „Fürchte nicht, denn vorwärts gehen heißt
Uns Einer, wider den umsonst man streitet.
106 Doch hier erwarte mich, und wolle speisen
Mit Hoffnung stärkend deinen müden Geist.
Ich laß' dich nicht in diesen tiefen Kreisen."
109 So geht und heißt indeß allein mich bleiben
Der süße Vater und ich stehe bang,
Weil Ja und Nein im Kopf mir her sich treiben.
112 Nicht hören konnt' ich, was er ihnen sagte,
Doch sprach er nicht mit diesen Leuten lang;
Denn Jeder lief, wie wenn man ihn verjagte
115 Hinein. Die Pforten schlossen sie voll Tücke
Dem Herrn, der außen blieb, vor dem Gesicht;
Er nahte zögernd mit gesenktem Blicke.
118 Von seiner Stirn sah jeden Muth ich schwinden,
Er sprach, tief seufzend: „Wer gestattet nicht,
Daß wir im Schmerzenhause Eingang finden?"
121 Doch sagt' er mir: „Ob ich erzürnet bebe,
Sei nicht bestürzt, es wird von mir gesiegt,
Wer d'rin auch zur Vertheid'gung sich erhebe;
124 Nicht neu ist dieses trotz'ge Widerstehen,
Bei einem Thor, das so versteckt nicht liegt
Und seitdem ohne Schloß blieb, mußt' ich's sehen,[8])

VIII. Gesang.

Du hast die todte Schrift darauf geschauet; 127
Diesseits von ihm steigt schon herab den Hang
Und ziehet ungeführt durch's Land, wo's grauet,
Ein Mächt'ger, der erzwinget den Empfang. 130

IX. Gesang.

1 Die Farb', mit welcher Furcht mein Antlitz deckte,
Als ich zurück den Meister kommen sah,
Sie machte, daß er seine Furcht versteckte.
4 Und lauschend stand er; doch wohin er kehrte
Den Blick, er reichte nirgends weiter, da
Es schwarze Luft und dichter Nebel wehrte.
7 „Wir werden doch in diesem Kampfe siegen,"
Begann er d'rauf, „wenn nicht, naht Hilfe sich;
Allein wie spät kömmt sie herabgestiegen."
10 Daß er zurück Gesproch'nes unentschieden
Durch das, was folgte, nahm, bemerkte ich;
Denn von dem Anfang war es ganz verschieden.
13 Doch gleichviel, was ich hörte, macht' mich beben,
Da in dem halben Wort noch schlimmern Sinn
Ich suchte, als er selbst ihm mochte geben.
16 „Ging zu dem Grund von diesem traur'gen Becken
Je Einer von dem ersten Kreise hin, ¹)
In dem nur Hoffnungsmangel Qual muß wecken?"

IX. Gesang.

Die Frage that ich und er sagte: „Selten 19
Geschieht es, daß ein Geist von unserm Kreis
Den Pfad betritt in diese tiefen Welten.

Beschworen ward ich doch, ich kann's nicht hehlen, 22
Her von Erichtho, die, wie Jeder weiß,
Zurück zu ihren Körpern rief die Seelen;*)

Erst kurze Zeit hatt' ich mein Fleisch verlassen, 25
Als ich durch sie in jene Mauern trat
Um einen Geist aus Judas Kreis zu fassen,

Der, tief und dunkel vor den Räumen allen, 28
Vom höchsten Himmel durch den längsten Pfad
Getrennt ist. Muth! ich weiß den Weg zu wallen;

Der Sumpf hier, der den großen Stank verbreitet, 31
Umgibt die Schmerzensstadt gleich einem Kranz,
Gewalt nur ist's, die uns in's Inn're leitet."

Noch And'res sprach er, doch behielt ich's nimmer, 34
Weil mich der Blick zum hohen Thurme ganz
Gezogen mit der Spitz' im Gluthenschimmer,

Wo sich in einem Augenblick erhoben 37
Drei Höllenfurien, rothbedeckt mit Blut,
Die in Gestalt von Frauen standen droben,

Mit Hydern dunkelgrün umgürtet waren; 40
Von Schlänglein schien umfaßt die Stirn voll Wuth,
Und von gehörnten Ottern statt von Haaren.

Und Jener, welcher wohl die Mägde kannte 43
Der Königin der ew'gen Trauer, rief:³)
„Sieh die Erinnyen, sieh Grimmentbrannte!

46 Zur Linken sieh sich dir Megäre zeigen,
Zur Rechten heult Alekto schmerzlich tief,
Tisiphon' in der Mitt'", hier wollt' er schweigen.

49 Mit Klau'n zerfleischte Jede sich den Busen,
Sie schlugen sich mit Händen, schrie'n so wild,
Daß ich mich drängte an den Freund der Musen.

52 Sie sah'n hinab, wobei sie alle riefen:
„Medusa mach' ihn zum versteinten Bild!
Denk, daß bei Theseus Angriff wir nicht schliefen." [4])

55 „O wende dich und halt den Blick verschlossen;
Denn sähst du das Gorgonen-Angesicht, [5])
So wär' der Rückkehr Hoffnung ganz zerflossen."

58 Der Meister sprach es, eilte mich zu wenden,
Begnügte sich mit meiner Haud noch nicht,
Nein, deckte selbst mich mit den eig'nen Händen.

61 O ihr, die ein gesunder Geist erfüllet,
Betrachtet hier die Lehre, ob sie schon
Ein Schleier seltsamen Gedichts umhüllet! [6])

64 Auf trüben Wellen hört' ich sich erheben,
Ein Krachen jetzt von fürchterlichem Ton,
Und beide Ufer machte es erbeben.

67 Nicht anders, als wenn hest'ger Sturm, erreget
Vom Kampf der Hitz' und Kälte, tobend braust,
Den Wald erschütternd hin und her beweget,

70 Die Aeste bricht, hinabwirft und entführet,
Dann stolz im Staubeswirbel weiter saust,
Daß Wild und Hirten fliehen schreckgerühret.

Dann löst' er mir das Aug' und sprach: „Jetzt richte 73
Des Blickes Nerv auf den uralten Schaum,
Wo sich der herbste Qualm zeigt dem Gesichte."
Wie Frösche vor der Schlange Feindesschlunde 76
Sich erst zerstreuen in dem Wasserraum,
Bis Jeder dann sich ducket auf dem Grunde,
So sah ich tausend todte Seelen fliehen 79
Vor Einem, welcher wie ein trocknes Land,
Die Furth des Styx vermochte zu durchziehen.
Er hielt vom Antlitz ab die schweren Lüfte, 82
Sie vor sich treibend mit der linken Hand
Und schien belästigt nur vom Qualm der Grüfte;
Wohl merkt' ich, daß der Himmel ihn uns schickte. 85
Zum Herrn gewendet sah ich mir gewinkt,
Worauf ich stille mich vor Jenem bückte;
Erzürnt schien sich der Engel zu erheben, 88
Er kam zum Thor, gleich war es aufgeklinkt
Mit einem Stab; er fand kein Widerstreben.
„Verachtet Volk, vom Himmel weggejaget!" 91
Begann er an dem grauenvollen Thor,
„Wie kommt es, daß ihr so zu trotzen waget?
Erfrecht ihr euch, den Willen abzuwehren, 94
Der niemals sein gesetztes Ziel verlor,
Und der, ihr wißt's, die Qual euch kann vermehren?
Kampf wider's Schicksal führt nicht zum Gewinne, 97
Bedenkt, daß Cerberus in eurem Reich
Davon noch haarlos ist am Hals und Kinne." [7])

4*

100 Dann wandt' er sich zurück zum schlamm'gen Pfade,
Und sagt' uns nichts und sah dem Manne gleich,
Der Sorge trägt, daß ihm nicht And'res schade,
103 Als Das, was Den, der vor ihm steht, macht beben;
Wir eilten näher zu der Stadt zu geh'n,
Da uns die heil'gen Worte Muth gegeben;
106 Hinein gelangten wir nun frei vom Streite,
Und ich, der ich den Zustand wollte seh'n
Der in der Festung eingeschloss'nen Leute,
109 Ich lasse d'rin umher die Blicke schweifen,
Und sehe überall den weiten Raum
Viel Schmerz und wilde Qual in sich begreifen.
112 Sowie bei Arles, wo die Rhone im Flusse
Stockt und bei Pola, wo Italiens Saum
Der Golf Quarnero badet zum Beschlusse,
115 Grabhügel ungleich machen ganz die Erde,
So fand ich's hier auf allen Seiten jetzt, ⁸)
Nur schuf die Weise größere Beschwerde:
118 Denn Flammen sah zerstreut ich zwischen ihnen,
Durch die sie in so arge Glut versetzt,
Daß keiner Kunst ein heiß'rer Stahl muß dienen;
121 Halb waren ihre Deckel aufgeschlagen,
Solch Jammerschreien kam daraus hervor,
Daß es vom Elend zeugte schwerer Plagen.
124 Da sagt' ich: „Sprich, wen jene Laden fassen,
Aus deren Innerm sich im Schmerzenschor,
Verzweiflungsvolle Seufzer hören lassen?"

Und er: „Hier müssen sich die Häupter bergen 127
Der Secten mit dem Anhang, Niemand weiß
Es, daß so Viele liegen in den Särgen.

Der Gleiche wird zum Gleichen hier gesendet, 130
Es sind die Grüfte mehr und minder heiß."

Nachdem er sich zur Rechten dann gewendet,
Schritt zwischen Gräbern, Zinnen er im Kreis. 133

X. Gesang.

1 Es hatte jetzt den schmalen Pfad beschritten,
Der zwischen Wall und Martern ziehet fort,
Mein Meister und ich folgte seinen Tritten.

4 „Du höchste Kraft, mit der ich hergegangen,
In's Reich der Bösen durch dein Lenkerwort,
O sprich, und stille also mein Verlangen!

7 Das Volk, das in den Grüften liegt begraben,
Könnt' ich es seh'n, da man geöffnet hat
Die Deckel all', die keinen Wächter haben?"

10 Und er zu mir: „Man wird sie all' verschließen,
Wenn sie hieher gelangt von Josaphat
Sind mit den Körpern, die sie oben ließen.

13 Auf dieser Seite findest du gerichtet
Den Epikur und Die nach seinem Traum
Die Seele glaubten mit dem Leib vernichtet;

16 Doch das Begehren, das du mir enthüllet,
Wird dir befriedigt gleich im innern Raum,
Auch das, was du verschwiegest, wird erfüllet." ¹)

1. Gesang.

Und ich: „Mein Führer, siehst du mich entfalten 19
Nicht ganz mein Herz, ist's nur um kurz zu sein;
Nicht jetzt bloß mahntest du, es so zu halten."
O Tuske, der du hier lebendig eilen 22
Darfst durch die Feuerstadt und sprichst so rein,
Gefall' es dir, an diesem Ort zu weilen!
An deiner Sprache läßt es sich erkennen, 25
Daß du aus jenem edlen Vaterland,
Dem man mich wohl zu lästig mochte nennen."
Als diese Töne plötzlich mir erklangen, 28
Hervor aus einer von den Laden, fand
Für gut ich, mich Virgil zu nah'n voll Bangen.
Er sagte: „Wende dich, bleib' hier nicht stehen, 31
Sieh Farinata aufgerichtet dort, *)
Vom Gürtel bis hinauf kannst du ihn sehen."
Da eilte ich, sein Antlitz zu betrachten, 34
Er hob mit Brust und Stirne sich sofort,
Wie um die Hölle trotzig zu verachten.
Des Führers schnelle Hand, der Muth nie fehlet 37
Stieß zwischen Gräber und den Schatten mich
Jetzt mit dem Spruch: „Die Worte sei'n gezählet,"
Und Jener sah, als ich zur Gruft mich wagte, 40
Mich Anfangs an, und dann erzürnt' er sich,
Da er: „Wer waren deine Ahnen?" fragte.
Ich säumte nicht ihm dieses zu vertrauen, 43
Weil ich begierig zu gehorchen war,
Worauf er etwas hob die Augenbrauen,

46 Und alsdann sprach: „Wild haben sie bedräuet
Mich, meine Väter, meines Anhangs Schaar,³)
D'rum wurden zweimal sie von mir zerstreuet."

49 „Vertrieben kehrten sie von allen Seiten"
Sagt' ich darauf, „ein jedes Mal zurück;
Die Kunst ward nicht erlernt von deinen Leuten." ⁴)

52 Zum Kinn dem Andern reichend stand ein Schatte
Enthüllt jetzt auf, der sich vor meinem Blick
Auf seinen Knie'n, so schien's, erhoben hatte,

55 Er schaut' um mich herum, wie aus Bestreben
Zu seh'n, ob noch ein Anb'rer hier; als schon
Er die Erwartung völlig aufgegeben,

58 Sprach weinend er: „Führt dich durch dieses blinde
Gefängniß hoher Geist, wo ist mein Sohn,
Daß ich ihn nicht an deiner Seite finde?" ⁵)

61 Und ich: „Nicht durch mich selbst bin ich gekommen,
Er, der dort wartet, ist mein Führer hier,
Und Guido hat ihn kaum in Acht genommen." ⁶)

64 Die Worte und die Art der Strafbeschwerden,
Sie sagten Jenes Namen deutlich mir,
So konnt' entsprechend die Erwied'rung werden.

67 „Wie?" rief er, da er plötzlich sich erhoben,
„Wie sagtest du: „er hat?" lebt er nicht mehr?
Trifft seinen Blick das süße Licht nicht droben?"

70 Als er bemerkte, daß wie zum Verneinen
Ich etwas zögerte, da sank er schwer
Zurück um niemals wieder zu erscheinen.

Der stolze Geist, der sich zuerst gezeiget, 73
Blieb unverstört, noch war ich nicht entfernt,
Und Hals und Rücken hielt er ungebeuget;
Und an der Antwort ließ er es nicht fehlen. 76
„Wenn sie die Kunst uoch immer schlecht gelernt,
Muß das mich mehr als dieses Lager quälen;
Allein nicht fünfzig Mal wird sich entzünden 79
Das Angesicht der Frau, die hier regiert,
Bis du, wie schwer die Kunst sei, wirst ergründen.⁷)
So wahr du in die süße Welt willst kehren, 82
Sag' mir, warum von stetem Haß geführt
Dort die Gesetze ab die Meinen wehren?"⁸)
Weshalb ich sagt': „Das Wüthen scharfer Klingen, 85
Das einst die Arbia färbte blutig roth,
Läßt solch Gebet in unsern Tempel bringen."⁹)
Er sprach, da seufzend er den Kopf gewieget: 89
„Das war nicht ich allein, und ohne Noth
Hätt' ich mein Volk mit Jenen nicht bekrieget.
Doch ich allein war's, der, als eingewilligt 91
Von Jedem in der Stadt Zerstörung war,
Mit offnem Angesichte dies mißbilligt."
„Soll euerem Samen jemals Ruhe werden," 94
Bat ich ihn d'rauf, „so löst den Knoten klar,
Der, ganz verwirrt, dem Urtheil macht Beschwerden:
Es scheint, ihr seht, kann ich euch recht verstehen, 97
Voraus, was mit sich bringt die künft'ge Zeit,
Doch in der Gegenwart könnt ihr nichts sehen."

100 „Wir seh'n, gleich Dem mit kränkelndem Gesichte,
Nur jene Dinge, die von uns sind weit,
So viel leiht uns der Höchste noch vom Lichte.
103 Wenn sie sich nähern, oder sind, erblicken
Wir nichts davon; erzählt uns Keiner, dann
Wird nichts uns kund von menschlichen Geschicken.
106 Entnehmen kannst du wohl aus diesem Worte,
Daß unser Wissen todt vom Tage an,
An dem verschlossen wird der Zukunft Pforte." [10])
109 Dann im Gefühle meiner Schuld verloren,
Sprach ich: „Macht dem Gefall'nen offenbar,
Daß Der noch lebet, der ihm ward geboren.
112 Und wenn ich ihn durch Antwort nicht belehret,
So laßt ihn wissen, daß es darum war,
Weil ich dem nachsann, was ihr aufgekläret."
115 Schon hört' ich rufen mich von meinem Meister;
Deshalb bat bringender den Schatten ich
Zu nennen mir die mitgefang'nen Geister.
118 Er sprach: „Die Gruft ist Tausenden zu eigen,
Hier drinnen ist der zweite Friederich,
Und auch der Cardinal; jetzt will ich schweigen." [11])
121 Er sank; ich wandte zu Virgil die Schritte;
An jenes Wort, das feindlich mich gekränkt, [12])
Dacht' ich, als ihm so folgten meine Tritte.
124 Er ging hinweg, im Gehen dann zu sagen:
„Warum doch in Gedanken so versenkt?"
Und ich gab Antwort ihm auf sein Befragen.

„Dein Geist bewahre das, was du gehöret 127
Hast wider dich," empfahl der Weise mir,
Er hob den Finger, „merke unverstöret:
Wenn vor der schönen Augen süßem Lichte, 130
Die Alles sehen, wenn du stehst vor ihr,
Zeigt deinen Lebensweg sie dem Gesichte."
Zur Linken kehrt' er sich auf dieser Stelle; 133
Durch einen Pfad, der sich ins Thal verlor,
Ging er zur Mitte und verließ die Wälle,
Und aus dem Thal drang eller Qualm empor. 136

XI. Gesang.

1 An eines hohen Walles oberm Saume,
Im Kreis gebildet von gebroch'nem Stein,
Gelangten wir zu einem wilden Raume,
4 Und hier, getroffen von dem grausen Ekel
Des Abgrundstankes, der auf uns drang ein,
Verkrochen wir uns hinterm großen Deckel
7 Von einem Grab, wo eine Schrift ich schaute,
Die sagte: „Hier liegt Anastasius,
Der Papst, der irrig dem Photin vertraute." [1]
10 „Nur zögernd können wir zur Tiefe trachten,
Weil unser Sinn sich erst gewöhnen muß
An diesen Hauch, damit wir sein nicht achten."
13 Also der Meister, und ich sagte: „Schenke
Irgend Ersatz, daß nicht verloren geh'n
Die Zeit uns mag." — „Du siehst, daß ich's bedenke;
16 Mein Sohn, umschlossen von den Felsensteinen
Wirst du", sprach er, „drei klein're Kreise sehn,
Die abgestufet gleich den frühern scheinen;

Die Geister drinn sind all' des Fluchs Genossen; 19
Doch daß der Anblick dann dir sei genug,
Vernimm jetzt wie, warum sie eingeschlossen.

Von jeder Bosheit, die der Himmel hasset, 22
Ist Unrecht Zweck; Gewaltthat oder Trug,
Dieß ist der Name, der für Unrecht passet.

Doch weil Betrug der Menschheit Wesen schändet,*) 25
Haßt Gott ihn meist, weßhalb zur größten Pein
Und tief hinab er den Betrüger sendet;

Gewaltsam Böse sind im ersten Kreise, 28
Und weil Gewalt an Drei'n geübt kann sein,
Ist dreifach eingetheilt er zirkelweise.

An Gott, an sich, am Nächsten gibt es Sünden 31
Gewaltsam an Person und an dem Gut,
Wie du vernehmen wirst mit off'nen Gründen.

Den Nächsten kann man morden, schlimm verletzen, 34
Die Habe ihm zerstören, in der Wuth
Durch Brand und Rauben Schaden ihm versetzen.

Weßhalb Die morden und Die Wunden schlagen, 37
Die, denen Raub, Verwüstung war Genuß,
Vertheilet in dem ersten Zirkel klagen.

Es kann der Mensch die Hand gewaltsam legen 40
An sich und seine Güter; dafür muß
Im zweiten Zirkel fruchtlos Reue hegen

Ein Jeder, der sich selbst vom Leben scheidet, 43
Sein Gut verspielt, verwirft und thöricht weint,³)
Weil die erlaubte Lust ihm ist verleidet.

46 Gewaltsam wider seinen Schöpfer kehret
Sich Der, deß Herz ihn lästert und verneint,*)
Und Der Natur und was sie gibt entehret.

49 D'rum muß man in dem kleinsten Zirkel suchen
Sodom, Cahors; mit seinem Siegel schaut ⁵)
Man Die auch, so vom Herzen Gott verfluchen.

52 Den Trug, der Jedem im Gewissen naget, ⁶)
Kann wider Den man üben, der vertraut,
Und wider Den, der nicht zu trauen waget;

55 Die letztgenannte Weise scheint zu lösen
Nur jenes Band, das Allen ist gemein;
D'rum schließt als Nest der zweite Kreis der Bösen ⁷)

58 Die Heuchler, Schmeichler, Fälscher im Gewichte,
Die Zaub'rer, Diebe, Simonisten ein,
Kuppler, bestechlich Volk und solch Gezüchte.

61 Durch jene Weise wird verletzt die Liebe,
Die ob der allgemeinen ragt hinaus,
Und zu besonderm Zutrau'n wecket Triebe;

64 D'rum weilen in den kleinsten, tiefsten Kreise,
Im Mittelpunkt des Alls, in Pluto's Haus ⁸)
Verräther ewig als der Hölle Speise."

67 Und ich: „Mein Herr, klar weißt du zu vertheilen,
Dein Wort bezeichnet deutlich diesen Schlund,
Und auch die Leute, welche darin weilen.

70 Doch die vom fetten Sumpfe, laß mich fragen,
Die, welche Wind und Regen treibet rund
Umher, und Die, so scharfes Wort sich sagen,

Was sind sie innerhalb der rothen Mauern 73
Bestrafet nicht, wenn Gottes Zorn sie schlägt,
Und thut er's nicht, wie müssen so sie trauern?"
Er sprach darauf zu mir: „Wie mag doch weichen 76
Dein Geist so ab von Dem, was sonst er pflegt;
Strebt and'res wohl dein Scharfblick zu erreichen?
Kann sich in dir Erinn'rung nicht mehr regen 79
An jenes Wort der Ethik deiner Zeit,*)
Daß drei der Triebe sind dem Herrn entgegen:
Unmäßigkeit und Bosheit und der tolle, 82
Verthierte Sinn, und wie Unmäßigkeit
Am Mindesten erfährt von Gottes Grolle?
Willst du nach diesem Spruche unterscheiden, 85
Und dir zurück auch rufen, welcher Art
Die sind, die weiter oben Strafe leiden, [10])
Dann siehst du wohl, warum sie von dem Jammer 88
Der Frevler sind getrennt, und minder hart
Sie trifft des göttlichen Gerichtes Hammer."
„Licht, das der Augen Blödheit weggenommen, 91
Dein Wort befriedigt mich, wenn es erklärt,
So, daß gleich Wissen Zweifel mir willkommen.
Zurück ein wenig wolle wieder kehren 94
Zum Spruch, daß Wucher Gottes Gab' entehrt,
Den Knoten löse mir durch dein Belehren."
„Philosophie," sprach er zu mir dann, „zeiget 97
Verständigen auf einem Punkt nicht nur,
Wie die Natur in ihrem Laufe steiget

11. Gesang.

100 Herab von Gottes Geist und Schöpferkräften,
Und merkst du auf die Kunde der Natur,[11]
So findest du schon in den ersten Heften,
103 Daß ihr nachstrebt die Kunst nach bestem Können,
Gleich wie der Schüler folgt des Herrn Gebot;
D'rum kann die Kunst man Gottes Enk'lin nennen.[12]
106 Von diesen Beiden, wenn du dich besinnen
Kannst auf die Genesis, soll man sich Brot
Und Herrschaft auf der Erde auch gewinnen.[13]
109 Und da der Wuch'rer falschen Wegen trauet,
Wird Kunst, so wie Natur, durch ihn entweiht,
Weil er auf And'res seine Hoffnung bauet.
112 Doch komm', die Fische, die am Himmel blinken,
Sie mahnen uns, daß es zum Gehen Zeit,
Zum Corus hin siehst du den Wagen sinken,
116 Und zu dem Felsenabsteig ist's noch weit."[14]

XII. Gesang.

Der Ort, wo sich der Felsenabhang neigte, 1
War steinig rauh, und was sich dort befand,
Erschreckte jeden Blick, dem es sich zeigte;
So wie der Bergfall, der von stolzer Größe 4
Sich in die Etsch gestürzt vom Uferrand,
Durch Unterwühlung oder Erdenstöße, —
Denn von der Höh', von der er abgefallen 7
Zur Tief' ist so der Felsen abgedacht,
Daß sich von oben beut kein Pfad zum Wallen, — 1)
So war der Felsenabhang hier zu schauen, 10
Und auf dem Gipfel vom geborst'nen Schacht
Lag ausgestrecket Kreta's Schmach und Grauen, 2)
Einst in dem Trugbild einer Kuh empfangen. 13
Als er uns sah, biß er in sich voll Wuth
Gleich Dem, den Zorn im Innern nicht erbangen.
Mein Weiser rief ihm zu: „Du scheinst zu glauben, 16
Daß hier der Fürst Athens sei, dessen Muth
Vermocht' das Leben droben dir zu rauben.

Hoffinger, Dante göttl. Comödie. I. 5

19 Geh', Ungethüm, Der warb hierher zu gehen
Von deiner Schwester Klugheit nicht belehrt,³)
Er kommt allein, um eure Qual zu sehen."

22 Dem Stiere gleich, der los sich von den Schlingen
Reißt, wie der Streich des Todes ihn verfehrt,
Und nicht zu geh'n vermag, nur wild zu springen,

25 Sah ich den Minotaurus hier sich zeigen.
„Zum Eingang," mahnte Jener klug gefaßt,
„Indeß er tobet, mußt hinab du steigen."

28 So schlugen wir den Weg ein durch die Trümmer
Der Steine, die ich ob der neuen Last
Mir unter'm Fuße rollen fühlte immer.

31 Nachdenkend ging Ich, und er sprach: „Dir lieget
Wohl in dem Sinn der Bergsturz, der bewacht
Wird von des Unthiers Wuth, die ich besieget.

34 Nun wisse, daß, als ich hinabgefahren
Zum ersten Male in den tiefen Schacht,
Noch diese Felsen nicht gefallen waren.

37 Doch kurz vorher, wenn ich mich recht besonnen,
Als Der erschien, der in dem obern Kreis
Dem Dis die große Beute abgenommen,

40 Erbebte rings das grause Thal entsetzet,⁴)
Daß ich gemeint, das Weltall fühle heiß
Die Liebe, die es mehrmals schon versetzet

43 Zurück in's Chaos, wie es Mancher lehret.⁵)
Damals geschah es, daß der alte Stein,
So hier wie sonst, in Trümmer sich verkehret.

Doch laß zum Thal hinab die Blicke wandern; 46
Der Blutstrom naht, der siedend schließet ein
Die Bösen, die gewaltsam schaden Andern.
Wahnsinnig tolles Wüthen, blind Verlangen! 49
Wie treibt ihr uns im kurzen Leben an,
Im künft'gen dann so schlimm uns zu umfangen.
In Bogenkrümnung schaut' ich einen Graben, 52
Der rings umgab der ganzen Fläche Plan,
Wie es erklärt des Meisters Worte haben.
Inmitten von der Wand und diesem Bogen 55
Sah laufen pfeilbewehrt Centauren ich,
So wie zur Jagd sie auf der Welt gezogen.
Da sie uns kommen sah'n, blieb Jeder stehen, 58
Und von dem Schwarme trennten Dreie sich,
Mit auserlef'nen Köchern herzugehen.
Von fern rief Einer: „Welche Qual zu theilen 61
Kommt ihr, die ihr am Riff herunter steigt?
Von dort aus sprecht; sonst schieß' ich mit den Pfeilen."
Mein Meister sagte: „Antwort darauf geben 64
Werd' ich dem Chiron, der sich nahe zeigt,
Stets war dein Wille schnell im bösen Streben."
Und dann zu mir: „'s ist Nessus, der verleitet 67
Von Dejanirens Reiz den Tod einst fand,
Und durch sich selber Rache sich bereitet;
Der mit gesenktem Haupte in der Mitte 70
Ist Chiron, in deff' Huth Achilles stand;
Der zornerfüllte Pholus ist der Dritte.*)

73 Zu Tausenden umringen sie den Graben,
Und schießen auf die Seelen, welche sich
Mehr aus dem Blut, als recht erhoben haben.

76 Den schnellen Wilden nahten wir zur Stunde,
Heraus nahm Chiron einen Pfeil und strich
Den Bart sich mit der Kerbe von dem Munde,

79 Und als er so das weite Maul gezeiget,
Sagt' er: „Merkt ihr," zu der Genossen Schaar,
„Wie das sich regt, worauf Jener steiget?

82 Der Fuß der Todten läßt nicht solche Spuren."
Mein Führer, der schon an der Brust ihm war,
Wo sich verbinden beiderlei Naturen,⁷)

85 Sprach d'rauf: „Wohl ist er lebend; einsam wallen
Muß ich mit ihm durch dieses Thal, wo's graut,
Uns zwingt die Noth dazu, nicht Wohlgefallen;

88 Die ging hinweg vom Allelujasprechen,
Die solch' ein neues Amt mir anvertraut;
Er ist kein Räuber; ich that kein Verbrechen.

91 Doch bei der Kraft, durch welche ich hier rege
Die Schritte in dem furchtbar wilden Ort,
Laß' Einen von den Deinen auf dem Wege,

94 Bis zu der Furth des Stromes uns geleiten,
Und Diesen tragen auf dem Rücken fort,
Er ist kein Geist, der durch die Luft kann schreiten."

97 Es wandte Chiron nun sich zu der Rechten
Und sprach zu Nessus: „Geh' und führ' sie gut!
Behüte sie, wenn man sie an will fechten."

Wir gingen mit dem sichern Führer oben, 100
Entlang dem Ufer von der rothen Flut,
Wo die Verbrühten laut Geschrei erhoben.
Es waren Leute dort, bis zu den Brauen 103
Versenkt; als der Centaure auf sie wies,
Sprach er: „Tyrannen sind's voll Blut und Grauen,
Sie weinen, daß so mitleidlos sie waren, 106
So Alexander und so Dionys,
Durch den Sizilien langen Schmerz erfahren[8])
Und der, deff' Stirne schwarze Haar' umgeben,[9]) 109
Ist Ezzelino, jener Blonde dort
Obizzo Este, dem geraubt das Leben
Gewiß vom bösen Sohne ward auf Erden."[10] 112
Der Dichter, den ich ansah, sprach: „Hinfort
Soll der dir Erster, ich der Zweite werden."[11])
Nicht weit davon traf der Centaure Schatten, 115
Die bis zu ihrem Halse sich heraus
Aus jenes Sprudels Schooß erhoben hatten.
Von einem Geiste, einsam abgekehret, 118
Erzählt' er: „Der durchstach in Gottes Haus
Das Herz, das an der Themse wird verehret."[12])
Dann sah ich Leute, welche aus der Welle 121
Den ganzen Oberleib empor gestreckt,
Und Viele kannte ich auf dieser Stelle.
So wurde nach und nach der Blutstrom seichter, 124
Daß nichts er als die Füße noch bedeckt';
Hier war das Waten durch den Graben leichter.

XII. Gesang.

127 „Wie du erkennen kannst auf dieser Seite,
Daß abnimmt stets der Strudel fort und fort,
So," sagte Jener, der uns gab Geleite,

130 „Wächst auf der andern seine Schwere immer,
Und drückt das Bett, bis er sich sammelt dort,
Wo tönen muß der Tyrannei Gewimmer;

133 Dort strafet des gerechten Gottes Rache
Den Etzel, so der Erde Geißel war, [13])
Den Pyrrhus, Sextus, und die heiße Lache [14])

136 Muß schwere Thränen ewiglich erregen
Den zwei Rinieris dort mit ihrer Schar, [15])
Die so viel Streit begannen auf den Wegen." [16])

139 Er kehrte heim, wo sich die Furth bot dar.

XIII. Gesang.

Noch war nicht Nessus drüben angekommen, 1
Als wir durch einen Wald, der keine Spur
Von einem Pfade zeigt', den Weg genommen.
Die Blätter waren braun, nicht grün zu schauen, 4
Nicht glatt die Zweige, krumm und knotig nur,
Er trug nicht Frucht, bloß gift'ger Dornen Grauen.
Solch rauh Gesträpp' wird nicht bewohnt vom Wilde, 7
Daß bei Cornet', an der Cecina Strand
Entfliehet dem besäeten Gefilde. [1]
Hier nisten auch die scheußlichen Harpyen, 10
Die Troja's Volk verjagt vom Inselland
Mit künft'gen Schadens traur'gen Prophezieen. [2]
Sie haben Flügel, Menschenangesichter, 13
Mit Klau'n den Fuß, mit Flaum den Wanst besetzt,
So heult im Laube seltsam das Gelichter.
Der Meister sprach: „Bevor wir weiter wandern 16
Vernimm, daß du im zweiten Zirkel jetzt;
Und eher nicht betrittst du einen andern,

19 Bis du gekommen zu der Saudeswüste;
D'rum gib wohl acht; dann wirst du Dinge seh'n,
Durch die mein Wort dir glaublich werden müßte." *)
22 Auf jeder Seite scholl mir: „Weh!" entgegen,
Und keine Seele konnte ich erspäh'n;
D'rum blieb ich ganz betroffen ohne Regen.
25 Ich dächte, mocht' er glauben, wie ich meine,
Daß so viel Stimmen kämen aus dem Laub
Von Leuten her, versteckt dem Augenscheine;
28 D'rum sprach mein Meister: „Wenn du weg willst nehmen
Von einem Busch ein Zweiglein blos als Raub,
So wirst du dich des leeren Wähnens schämen."
31 Da eilte ich die Hand hervorzustecken,
Und nahm ein Aestlein einem Dornenstrauch;
„Warum mich brechen?" rief der Stamm voll Schrecken;
34 Als er die Wunde sah von Blute schwärzen,
Begann er neu: „Was quälest du mich auch?
Wohnt keine Spur von Mitleid dir im Herzen?
37 Wir Menschen sind von Pflanzenform umfangen,
Und milder sollt' uns deine Haud gestreift
Selbst haben, wären Seelen wir von Schlangen."
40 Wie von dem grünen Holze, das entzündet
An einem Ende, an dem andern träuft
Und zischend ächzt, weil ihm die Luft entschwindet,
43 So sah zugleich aus jenem Busch ich kommen
Mit Worten Blut; der Zweig entfiel mir jetzt,
Ich stand gleich Einem, der von Furcht bekommen.

„Hätt' er vermocht nur eher zu verstehen," 46
Sprach d'rauf mein Meister, „Seele, schwer verletzt,
Was er in meinen Versen bloß gesehen,
So hätte er nicht Hand an dich geleget: 49
Ob seines Zweifels ließ ich mich herbei
Zum Rathe, der zur Reue mich beweget.
Doch sag' ihm, wer du warst, daß er als Sühne 52
Dort dein Gedächtniß wieder mache neu,
Wohin er heimkehrt, auf der Erdenbühne."
Der Stamm: „Dein süßes Wort weiß mich zu leiten, 55
Daß ich nicht schweigen kann; darum verzeiht,
Sollt' ich im Sprechen etwas mich verbreiten:
Ich bin's, der beide Schlüssel hielt in Händen 58
Zu Friedrichs Herzen und sie jeder Zeit
Zum Oeffnen, Schließen wußte so zu wenden,⁴)
Daß ich allein Vertrauen ihm entlocket; 61
So treu erfüllt' ich meines Amts Geschick,
Daß Puls und Adern mir davon gestocket;
Die Metze, die, wo die Cäsaren hausen, 64
Hinwendet stets den buhlerischen Blick,
Der allgemeine Tod, der Höfe Grausen,⁵)
Entflammte gegen mich die Herzen alle, 67
August' war so entbrannt durch ihre Gluth,
Daß heit're Ehre ward zu düsterm Falle;
Und meine Seele, wüthend ob der Schlechten, 70
Im Wahn im Tode zu entflieh'n der Wuth,
Bestrafte ungerecht mich, den Gerechten.

73 Und bei der neuen Wurzel dieser Pflanze
Schwör' ich, daß ich die Treue nie verletzt
Dem Herrn, der strahlet im verdienten Glanze;
76 Wenn von euch Einer auf die Erde kehret,
So heil' er mein Gedächtniß, das noch jetzt
Krank liegt vom Streich, mit dem es Neid versehret."
79 Nach kurzem Warten sagte: „Weil er schweiget,"
Der Dichter mir, „verlier' die Stunde nicht,
Frag' ihn um das, wohin dich Neugier neiget."
82 Und ich zu ihm: „Frag' du, so viel mir frommen
Kann, wie du glaubst, weil mir das Wort gebricht,
So ist das Herz von Mitleid mir beklommen."
85 Er sprach darum: „Soll Der mit freiem Muthe
Nach deiner Bitte thun in deinem Weh,
Gefang'ner Geist, so thu' auch uns das Gute,
88 Und sag' uns noch, wie sich die Seele binde
In diesen Knoten, lehr' uns auch, ob je
Sich Eine solchen Gliedern noch entwinde?"
91 Laut zischend mußte erst der Stamm erbeben,
Eh' zu den Worten ward der Windesstoß:
„In kurzer Rede will ich Antwort geben:
94 Sobald die Seele, die in Frevlerweise
Sich selbst befreit, verläßt des Körpers Schoß,
Schickt Minos sie herunter sieben Kreise;
97 Sie stürzt zum Wald, nicht an bestimmter Stelle;
Wo sie das Schicksal hinwirft in den Staub,
Muß auf sie keimen mit des Speltes Schnelle.

XIII Gesang.

Als Strauch und Baum entsproßt sie dann dem Orte, 100
Und die Harpyen, nagend an dem Laub,
Die machen Schmerz, und für den Schmerz die Pforte.*)
Wir werden auch zu unsern Hüllen kommen; 103
Doch Keiner wird damit bekleiden sich,
Unrecht wär's, haben, was man sich genommen.
Hier schleppen wir sie her; im Waldesschauer 106
Wird jeder Körper hangen ewiglich
Am Strauche, der umschloß des Schatten Trauer."
Es stand noch unser Ohr der Rede offen, 109
Die, wie wir glaubten, nicht vollendet war;
Da wurden wir von einem Lärm betroffen,
Wie ihn auf seinem Stand der Jäger höret 112
Vom Eber, so wie von der Doggen Schaar,
Wenn Blätter rascheln, von dem Wild verstöret;
Und siehe: Zwei, die hier an unsrer Linken, 115
Nackt und zerkrallet, flohen eilig so,
Daß sie des Waldes Schranken machten sinken.
„Herbei, herbei, o Tod!" so rief Der vorne, 118
Der Andere, der minder eilig floh,
Schrie: „Lano, nicht so schnell liefst du dem Zorne
Des Feinds in Toppos Waffenspiel entgegen!"*) 121
Und machte außer Athem sich darauf
Mit einem Strauch zum Knoten ohne Regen.
Und hinter ihnen war des Waldes Ställe 124
Voll schwarzer Doggen, gierig schnell im Lauf,
Windhunden gleich, gelöset von der Kette.*)

127 Sie packten Jenen, welcher sich versteckel,
Den Busch zerrissen dann sie Stück für Stück,
Und trugen fort die Glieder blutbefleckel.
130 Es nahm mich bei der Hand der Weise, Gute,
Und führte mich zum Strauch, der sein Geschick
Umsonst beweinte, da er troff vom Blute.
133 "Jakob von Sanct Andrä," hört' ich ihn sagen;*)
"Was half es dir, zu machen mich zum Schild,
Hab' ich an deinen Freveln Schuld getragen?"
136 Der Meister sprach, sobald er still gehalten:
"Wer bist du, der du Worte schmerzlich wild
Aushauchst mit deinem Blut aus vielen Spalten?"
139 Und er zu uns: "Ihr Seelen, die gekommen
Ihr seid, damit den schlimmen Raub ihr schaut,
Der meine Blätter so mir abgenommen,
142 Wollt sie am Fuß des Stamms zusammenfassen.
Ich war aus jener Stadt, die sich vertraut
Dem Täufer und den frühern Herrn verlassen,
145 Der d'rum sie immer kränkt durch Kriegsgeschicke,
Und wenn sie etwas nicht gestellet aus,
An ihn noch mahnend auf der Arnobrücke,[10])
148 So würden Jene, die, als sie begraben
Durch Attila noch lag in Asch und Graus,
Sie neu erbauten, nichts geschaffen haben. —
151 Zum Galgen macht' ich mir das elg'ne Haus."

XIV. Gesang.

Weil Heimatliebe drängte meine Seele, 1
Sucht' ich zerstreutes Laub, und gab es so
Ihm wieder, der schon sprach mit heis'rer Kehle.
Jetzt kamen wir zum Punkt, an dem sich trennet 4
Der zweite von dem dritten Zirkel, wo
Man des Gerichtes Schreckenswerk erkennet.
Die neuen Dinge deutlich zu beschreiben, 7
Sag' ich, wir kamen jetzt auf Wüstengrund,
Wo nie ein Pflanzenkeim vermocht' zu treiben.
Der schmerzenreiche Wald dient ihm zum Bande, 10
Wie um den Wald sich ziehi der Graben rund;
Hier blieben uns're Schritte dicht am Rande.
Der Raum hielt trock'nen tiefen Sand umfangen, 13
Ganz so beschaffen, wie es jener war,
Auf dem die Füße Cato's einst gegangen.[1]
O Rache Gottes, Jedem soll dein Wesen 16
Entsetzlich sein, der, was hier offenbar
Ward meinem Aug', auf diesem Blatt wird lesen.

19 Von nackten Seelen sah ich viele Herden,
Und keine war an Klagelauten stumm,
Verschieden schien die Art nur der Beschwerden.
22 Am Boden rücklings lagen manche Schatten,
Und And're saßen da, gekauert krumm,
Noch And're gingen immmer, ohn' Ermatten.
25 Am meisten gibt's von denen, welche gehen,
Klein ist die Zahl, die liegend büßen muß;
Doch lauter ächzet sie in ihren Wehen:
28 Langsam im Falle ob dem ganzen Sande
In breiten Funken sinkt ein Feuerguß,
Wie Schnee bei stiller Luft im Alpenlande.
31 Wie Alexanders Heer, als es gekämpfet
Im heißen Indien, eine Flammenfluth
Zur Erde schaute fallen ungedämpfet,*)
34 Weshalb er Sorge trug mit seinen Schaaren
Sie zu zertreten, daß der Funken Gluth
Sich besser löschte, da sie einzeln waren,
37 So ward von ew'ger Loh' der Sand bedecket,
Der glomm dann wie entbrannter Zunder fort,
Und Doppelleiden ward dadurch gewecket.
40 Bewegung ohne Rast war in den Händen
Der Jammernden, bald dahin und bald dort
Die neuen Gluthen von sich abzuwenden.
43 Und ich begann: „Mein Meister, der du Alle,
Nur jene wilden Geister nicht besiegt,
Die uns entgegentraten an dem Walle,

XIV. Gesang.

Wer ist der Große, den nicht zu bewegen 46
Scheint solche Brunst, und der verachtend liegt,
Als könne ihn nicht martern solch ein Regen?"
Und dieser Letzte, welcher wohl gehöret, 49
Daß ich nach ihm gefragt den Führer, schrie:
„Mir hat der Tod mein Wesen nicht zerstöret.
Ob Jupiter den Schmied auch noch so plage, 52
Dem er im Zorn den scharfen Blitz entlieh,
Von dem ereilt ich ward am letzten Tage;
Ob And're er ermüde nach der Reihe, 55
An schwarzer Esse auf dem Mongibell',*)
Vulcanus rufend mit dem Hülfeschreie,
Wie er's gethan bei Phlägra in dem Streite; 58
Ob mich sein Pfeil erreiche kräftig schnell,
Doch wird ihm nimmer Rache, die ihn freute."
Da hörte ich so laut den Führer sprechen, 61
Daß ich ihn nie vernahm mit solchem Muth:
„Kapaneus, darin, daß nichts kann schwächen
Dein Zürnen, liegt die ärgste deiner Peinen; 64
Denn keine Strafe, außer deiner Wuth,
Kann Qual genug für deine Tollheit scheinen."
Dann wandt' er sich zu mir mit milderm Tone, 67
Und sprach: „Von jenen Sieben war auch er,
Beim Sturm auf Theben, und im Spott und Hohne
Ge'n Gott verharrt er wie er hingegangen; 70
Doch wie ich ihm gesagt, es muß nunmehr
Der Trotz als Schandfleck auf der Brust ihm prangen.

73 Jetzt folge mir, doch mußt du wohl b'rauf sehen,
Daß du noch nicht betrittst den heißen Sand,
Dicht am Gehölze trachte stets zu gehen."

76 Und schweigend kamen wir zu einer Stelle,
Wo wild ein Bach bricht aus des Waldes Rand,
Noch macht erschaudern mich die rothe Welle.

79 Wie aus dem Sprudel strömen jene Fluthen,
Wo Sünderinnen wohnen im Verein,
So stürzten diese durch des Sandes Gluthen.⁴)

82 Der Grund, die Uferhänge an den Seiten,
Sie waren Stein, und auch der Raub war Stein,
D'rum war es möglich vorwärts hier zu schreiten.

85 „Von allen Dingen, die ich dir gewiesen,
Seit wir getreten sind durch jenes Thor,
Deß Schwelle Keinen von sich abgewiesen,

88 Trat nichts, das ich so nennenswerth kann finden,
Wie diesen Fluß, vor deinem Aug' hervor,
Der alle Flammen machet gleich verschwinden."

91 Mein Führer hatte also angefangen;
D'rum bat ich ihn, zu nähren meinen Geist
Mit dem, wonach er weckte das Verlangen.

94 „Verwüstet liegt ein Land in Meeresmitte,"
Gab er zur Antwort, „welches Kreta heißt;
Als es regierte, herrschte keusche Sitte.⁵)

97 Dort ist ein Berg, der einst im heitern Frieden
Voll Laub und Waffer war, Ida genannt,
Jetzt ist er ganz verlaffen und gemieden.

XIV. Gesang.

Von Rhea ward zur Wiege er gegeben 100
Dem Sohn, um den sie, daß er nicht erkannt
Durch Weinen werde, ließ Geschrei erheben.*)
Im Berge steht ein Alter, hoch gebauet, 103
Der seine Schultern nach Damiette kehrt,
Und hin nach Rom, als seinem Spiegel schauet.
Sein Haupt ist feines Gold, das strahlend blendet, 106
Der Arm, die Brust ist Silber, rein bewähret,
Dann ist er Erz, bis wo die Hüfte endet.⁷)
Von hier an ist von Eisen er zu sehen, 109
Nur ist gebrannter Thon der rechte Fuß,
Und mehr scheint er auf diesem fest zu stehen;
Bis auf das Gold ist jeder Theil zersprungen 112
Von einem Spalt, aus dem ein Thränenguß
Durchwühlend in den Felsen eingedrungen;
Es stürzt sein Lauf herab zu diesem Thale, 115
Er macht den Acheron, Styx, Phlegethon,⁸)
Bis dahin zieht er hier in dem Kanale,
Wo keine Möglichkeit zum Abwärtssteigen, 118
Er bildet den Cocyt; da du ihn schon
Bald selbst erblickest, kann ich von ihm schweigen."
Ich sprach darauf: „Wenn von dem obern Lande 121
Der Bach vor uns so abgeleitet ist,
Warum erscheint er erst an diesem Rande?"
Und er: „Wir geh'n, du weißt es, in der Runde 124
Hinab; obwohl du viel gegangen bist
Zur Linken immer steigend zu dem Grunde,

127 Bist du im ganzen Umkreis nicht gewesen;
D'rum wenn du schauest was dir unbekannt
Soll man dir Staunen im Gesicht nicht lesen."
130 D'rauf ich: "Mein Meister sprich, wo sich befindet
Der Phlegethon, deff' Ursprung du genannt,
Der Lethe auch, von dem du nichts verkündet?"
133 "Gefallen finde ich an deinen Fragen;
Doch daß die Fluth du siedend roth geseh'n,
Es sollte Antwort dir auf eine sagen.*)
136 Den Lethe wirst du außerhalb vom Graben
Erblicken, wo zum Bad die Seelen geh'n,
Wenn die bereute Schuld gelös't sie haben." ¹⁰)
139 Dann sprach er: "Zeit ist's jetzo sich zu trennen
Vom Walde, eilig folge mir dein Fuß,
Bahn bieten uns die Ufer, die nicht brennen,
142 Weil in der Höh' der Dunst erlöschen muß."

XV. Gesang.

Wir gehen fort jetzt auf dem harten Damme, 1
Vom Bache steigt ein Nebelqualm so schwer,¹)
Daß Wog' und Wall er schützet vor der Flamme;
Wie bei Cadsand und Brügg' im Niederlande 4
Der Fluth die Fland'rer bauen eine Wehr,
Daß sie sich breche an dem Uferrande,²)
Und wie durch Dämme vor der Brenta Wellen 7
Die Paduaner schirmen ihre Mark,
Eh' von der Alpen Schnee die Wasser schwellen,³)
In solcher Weise waren aufgeschichtet 10
Die Dämme hier, doch minder hoch und stark
Von unbekannter Meisterhand errichtet.
Wir waren fern schon von des Waldes Stätte, 13
So daß er nicht mehr zu erkennen war,
Wenn ich mich auch zurück gewendet hätte,
Als uns von Seelen wandelte entgegen, 16
Sich längs dem Damme haltend, eine Schar,
Und jede sah uns an, wie Leute pflegen

19 Beim neuen Monde, wenn der Abend grauet;
So schärften sie nach uns den Blick, wie kaum
In's Nadelöhr ein alter Schneider schauet.

22 Von einem solchen Schwarme so besehen,
Ward ich erkannt von Einem, der beim Saum
Mich packend rief: „Welch' Wunder ist geschehen!"

25 Und ich, als er die Arme nach mir streckte,
Hielt fest das Aug' auf sein versengt Gesicht,
Das, ob es gleich verbrannt war, dennoch weckte

28 In meinem Geiste sein Gedächtniß helle,
Ich sprach, mein Antlitz zu ihm neigend dicht:
„Hier also ist, Herr Bruno, eure Stelle?"

31 Und er: „O Sohn, nicht mög' es dir mißfallen,
Wenn der Brunett' Latini geht mit dir
Etwas zurück, getrennt von diesen Allen."

34 Ich sagte ihm: „Das ist auch mein Begehren;
Sofern ihr wollt, daß ich mich setze hier,
So thu ich's, wenn's mein Führer nicht will wehren."

37 „O Sohn," sprach Bruno, „wer von dieser Herde
Ein wenig nur verweilt, liegt hundert Jahr'
Dann ohne Fächeln auf der glüh'nden Erde;

40 Drum wandle fort, ich folg' am Kleidessaume,
Und dann kehr' ich zurück zu meiner Schar,
Die ewig weinend geht in diesem Raume."

43 Ich wagte nicht vom Damm herab zu steigen,
Um neben ihm zu schreiten; doch hielt ich
Das Haupt gesenkt, um Ehrfurcht ihm zu zeigen.

Und er begann: „Welch Schicksal führt im Leben 46
Noch vor dem letzten Tag herunter dich,
Und wer ward dir zur Leitung beigegeben?"
„Dort in dem heitern Dasein," sprach ich, „oben 49
War's, wo der Weg in einem Thal mir schwand,
Eh' ich zu vollen Jahren mich erhoben;
Den Rücken wandt' ich ihm erst heute frühe, 52
Doch wieder kam ich hin, als Den ich fand,
Daß er zurück auf diesen Pfad mich ziehe."
„Folgst du nur deinem Stern," hört ich ihn sagen, 55
„So ist des Ruhmes Hafen dir schon nah,
Wenn recht ich schloß in jenen schönen Tagen.
Und wär' ich nicht zur Unzeit dir gestorben, 58
So hätt' ich, da des Himmels Gunst ich sah,
Zum Wirken Muth und Stärke dir erworben.
Doch jene Bösgesinnten, Undankbaren, 61
Die von Fiesole leiten ihr Geschlecht,
Und noch des Felsens Härte sich bewahren,⁵)
Sie werden dich ob deiner Tugend hassen; 64
Mit Grund, weil zwischen herben Schlehen schlecht
Nur kann die süße Frucht der Feige passen,
Ein alter Ruf nennt in der Welt sie Blinde,⁶) 67
Ein Volk voll Neid, voll Geiz, voll Geldbegier;
Sieh' zu, daß ihre Sitte dich nicht blinde.
Dein harret solcher Ruhm in künft'gen Tagen, 70
Daß jeder Theil einst hungern wird nach dir,
Doch wird dem Mund der Bissen sich versagen.⁷)

73 Daß sich das Fiesolauer Vieh zertrete
Nur selbst, und nie der Pflanze komme nah,
Wenn eine aufsproßt noch in ihrem Beete,⁸)
76 In der man neu den heil'gen Samen schauet
Von jenen Römern, die dort blieben, da
Es solcher Bosheit ward zum Nest erbauet."
79 „Wenn all' mein Wünschen hätte vollen Frieden,"
Sprach ich darauf, „so wäret ihr noch nicht
Von menschlicher Natur so abgeschieden;
82 Denn eingeprägt ist mir im Herzensgrunde
Das liebe, gute Vaterangesicht
Von euch, als in der Welt ihr jede Stunde
85 Mich lehrtet, wie man ew'gen Ruhm erwerbe,
Und wie ich's schätze, mach' ich offenbar
Durch meine Worte noch, bevor ich sterbe.
88 Auf schreib' ich, was ihr sagt von dem Geschicke,
Daß es mit ander'm Spruch werde klar,⁹)
Wenn ich die Frau, die Solches weiß, erblicke;
91 So viel will ich darüber kund euch geben,
Daß ich, kann rein ich mein Gewissen seh'n,
Zu jedem Wechsel bin bereit im Leben.
94 All ist dem Ohr solch Unterpfand der Trauer;
D'rum mag Fortuna ihre Scheibe dreh'n,
Wie's ihr gefällt, und seinen Karst der Bauer."
97 Mein Lehrer wandte sich zur rechten Seite
Zurück, und sah mich an, dann sagt' er so:
„Der höret wohl, der merkt, was es bedeute."¹⁰)

Doch fuhr ich b'rum nicht minder fort zu wandern 100
Mit Herrn Brunetto, den ich fragte, wo
Die meist Berühmten seien von den Andern.
Und er: „Gut ist es Einige zu kennen, 103
Doch von dem Reste ziemet Schweigen mehr,
Es fehlt die Zeit, dir Alle sie zu nennen;
Sie waren Priester, das sei dir entdecket, 106
Und auch Gelehrte, groß, berühmet sehr,
Von gleicher Sünde in der Welt beflecket.
Priscian geht hier mit dieser Unglücksbande,[11] 109
Franz von Accorso,[12] und wenn's dir Genuß
Gewähret anzuschauen solche Schande,
Sieh Jenen, der versetzt vom Knecht der Knechte 112
Vom Arno ward zum Bacchilionefluß[13]
Wo dann sein Körper blieb, der schnödgeschwächte.
Mehr würd' ich sagen; doch das Geh'n und Sprechen 115
Kann länger nicht mehr sein; ich sehe dort
Schon neuen Rauch aus diesem Sande brechen;
Die Schar, die kommt, gehört nicht zu den Meinen: 118
Den Schatz empfehl' ich dir, durch den ich fort[14]
Noch leb'; von andern Wünschen hab' ich keinen."
Dann wandt' er sich und wurde ähnlich Denen, 121
Die in Verona laufen um den Preis[15]
Des grünen Tuches, und er glich von Jenen
Dem Sieger nur, der zu gewinnen weiß. 124

XVI. Gesang.

1 Ich war am Ort, wo man vernahm das Lärmen
Des Wassers, das zum andern Zirkel lief
Hinstürzte, gleich Gesumm in Bienenschwärmen.
4 Und drei der Seelen rannten hier zusammen
Aus einem Haufen, der vorüber lief,
Gemartert unter'm Regen solcher Flammen.
7 Sie kamen her, und jede schrie in Eile:
„Du, der du nach der Tracht uns scheinst zu sein
Aus unser'm schlimmen Heimatland, verweile!"
10 Weh! welche Wunden sah in ihre Glieder
Ich alt und neu vom Brand gegraben ein,
Daran nur zu gedenken schmerzt mich wieder!
13 Es ward dem Rufe Achtsamkeit erwiesen
Vom Führer; also wandt' er sich zu mir:
„Jetzt warte; höflich muß man sein mit Diesen."
16 Und wenn herab nicht käme Feuerregen
Nach der Natur des Orts, so sagt' ich dir:
„Du solltest billig ihnen geh'n entgegen."

XVI. Gesang.

Sie schrieen, da wir blieben auf dem Pfade 19
Den alten Ruf, und als bei uns sie schon,
Da machten alle Dreie sich zum Rade.¹)
Wie die Gesalbten, Nackten bei dem Ringen 22
Erspähten, welcher Griff verheiße Lohn,
Eh' sie zu Stoß und Hieben vorwärts gingen,
So wandt' uns drehend Jeder in der Weise 25
Das Antlitz zu, daß stets der Hals gekehrt
Dem Fuß entgegen machte seine Reise.
„Ach! wenn das Elend von dem sand'gen Orte 28
Und unser Angesicht, so arg versehrt,
Uns auch verächtlich macht und unf're Worte,"
Sprach Einer, „laß dich unsern Ruhm bewegen 31
Zu sagen, wer du sein magst, dessen Fuß
Lebendig sicher geht auf Höllenwegen.
Der, dem ich folge hier auf diesem Pfade, 34
War, ob er nackt, zerfleischt gleich gehen muß,
Mehr als du glaubst von hohem Rangesgrade,
Ein Enkel der Waldrad' von großem Werthe, 37
Hieß Guidoguerra, lebend wirkte er
Viel mit dem Geiste, viel auch mit dem Schwerte.²)
Der And're, der mir folgt im heißen Sande, 40
Teghiajo Aldobrandi ist es, der
Berühmt sein sollte noch im obern Lande.³)
Und ich, mit ihnen hier an's Kreuz geschlagen, 43
War Jakob Rusticucci; wohl mit Grund⁴)
Muß ich mein böses Weib zumeist verklagen".

46 Wenn ich vor'm Feuer sicher mich geglaubet,
   So wär' ich unter sie gestürzet, und
   Der Lehrer hätt' es, glaub' ich, mir erlaubet.
49 Doch weil vor dem Versengen ich erbangte,
   Besiegte Furcht den guten Willen mir,
   Mit dem sie zu umarmen ich verlangte.
52 Dann sprach ich: „Nicht Verachtung, sondern Schmerzen
   Fühl' ich so tief ob eu'res Zustand's hier,
   Daß spät sie weichen werden aus dem Herzen,
55 Sobald mein Herr mir sagte jene Worte,
   Durch die ich vorhersah, daß Leute, gleich
   Wie ihr seid, nahen würden diesem Orte.
58 Von euerm Lande bin auch ich; vernommen
   Hab' ich mit Liebe Alles, was von euch
   Und euerm Ruf und Thun zu mir gekommen.
61 Die Galle lassend will zur Frucht ich wallen,
   Der süßen, die der Treue mir versprach;
   Doch bis in's Centrum muß ich eher fallen."
64 „Soll deine Seele lange noch regieren
   Die Glieder", sagte Jener mir hernach
   „Und Ruhmesglanz einst dein Gedächtniß zieren,
67 So sprich, ob Tapferkeit und edle Sitte
   In uns'rer Stadt noch, wie es vormals war,
   Ob sie geflohen ganz aus ihrer Mitte?
70 Wilhelm Borsiere, welcher mit uns klaget
   Seit Kurzem, und dort geht mit seiner Schar,
   Schafft große Pein durch Das, was er uns saget."

XVI. Gesang.   91

„Das neue Volk, die schnelle Goldesbeule,   73
Sie führten Stolz und Uebermuth herbei
In dir, Florenz, du weinst darum schon heute!"
So rief ich mit erhob'nem Haupt empöret;   76
Bei dieser Antwort sah'n sich an die Drei,
Wie man es thut, wenn man die Wahrheit höret.
„Wird keine Rede theurer sich erweisen   79
Dir," sprachen sie, „im künftigen Geschick,
So darf man glücklich deinen Freimuth preisen.
Doch wenn du fliehst aus diesem dunkeln Orte,   82
Die schönen Sterne wiederschaut dein Blick,
Du: „Ich war drüben," sagst mit frohem Worte,
Magst du den Leuten Kunde von uns bringen."   85
Dann brachen sie das Rad und schneller nicht
Zur Flucht als ihre Beine wären Schwingen;
Ein Amen hätte man nicht können sprechen   88
So rasch, wie sie entschwanden dem Gesicht;
D'rum schien es gut dem Meister aufzubrechen.
Ich folgt' ihm; vorwärts waren wir gekommen   91
Nur wenig, als so nah' des Wassers Schall,
Daß unsre Worte man kaum mehr vernommen.
Dem Fluß gleich, den in eig'nem Bett man rinnen,   94
Von Viso ostwärts sieht, und dessen Fall
Vom linken Abhang kommt der Appenninen,
Der Acquacheta heißt, noch eh' er rauschet   97
Hinunter in die tiefe Felsenschlucht,
Und in Forli den Namen dann vertauschet,

100 Der ob dem Kloster auf der Bergesspitze
Hinstürzt zu einem Ort, der ausgesucht
Einst wurde mehr als Tausenden zum Sitze, ᵇ)
103 So hörten wir von einem Riffe brausen
Mit einem Lärm die trüben Fluthen hier,
Der schmerzlich bald die Ohren machte sausen.
106 Von einem Stricke war mein Leib umgeben,
Womit zu fangen jenes Pantherthier
Mit buntem Felle einst war mein Bestreben.ᶜ)
109 Nachdem ihn, wie mein Führer es geboten,
Von mir gelöset völlig meine Hand,
Gab ich ihn ihm, verknüpft zu einem Knoten.
112 Zur Rechten kehrte Jener sich zur Stunde,
Und schleuderte, etwas entfernt vom Rande,
Den Knäuel in die Tiefe bis zum Grunde.
115 „Ein Neues", dacht' ich, „wird in dem Geschicke
Dem neuen Zeichen wohl entsprechend sein,
Dem so der Meister folget mit dem Blicke."
118 Mit welcher Vorsicht soll zum Werk man gehen
Mit Jenen, welche nicht die That allein,
Gedanken auch mit ihrem Geiste sehen.
121 Er sprach zu mir: „Bald wird erscheinen oben
Was ich erwarte; daß dein Deuten Traum,
Wird deinem Aug' sich deutlich dann erproben."
124 Dem Wahren, das der Lüge gleicht, soll nimmer
Der Mensch auf seinen Lippen geben Raum;
Ob schuldlos auch, weckt es Beschämung immer;

Doch jetzt kann ich nicht schweigen; bei den Tönen 127
Von dieser Dichtung, Leser, schwör' ich dir,
So wahr sie einst noch Beifall möge krönen,
Daß schwimmend ein Gebilde ich erschaute 130
In dunkler, dichter Luft auftauchend hier,
Vor welchem auch dem muth'gen Herzen graute;
Dem glich es, welcher um zurückzukehren, 133
Wenn er gelöst den Anker, der gesteckt
Im Felsenriff, in Klippen, in den Meeren,
Die Füße einzieht und sich oben streckt. 136

XVII. Gesang.

1 „Sieh dort das Unthier mit dem spitzen Schwanze,
Das Berge übersteigt, bricht Wehr und Wand,
Sieh was mit Stank erfüllt die Welt, die ganze."
4 Mein Führer sagte so, zu mir gewendet,
Ihm aber winkte er zum Uferrand,
Wo der betret'ne Pfad von Marmor endet.
7 Es kam heran des Truges Bild voll Grauen,
Mit Kopf und Büste ragte es empor,
Doch nichts vom Schweif war ober'm Strand zu schauen;
10 Mit dem Gesicht des Guten sah ich's prangen,
So lächelte der äuß're Schein hervor;
Doch ähnlich war es sonst am Leib den Schlangen.
13 Zwei Tatzen, voll von Haaren, sah ich's weisen;
Die Brust, der Rücken, jede Seite war
Bemalt mit Schleifen und mit Schilderkreisen.
16 Mehr Farben konnt' dem Grund und Einschlag geben
Im Wollzeug niemals Türke, noch Tartar,
Arachne selber mochte so nicht weben.¹)

XVII. Gesang.

Wie wohl am Ufer Ruderschiffe stehen,
Die halb im Wasser sind, halb auf dem Grund,
Und wie wir bei den deutschen Schlemmern sehen
Den Biber, als wenn er zum Kampf sich rüste,*)
So stand das Unthier auf dem Damm, der rund
Von Stein erbaut umzieht die Sandeswüste.

Es schlug mit seinem Schweife in das Leere,
Und krümmt' die Gabel gifterfüllt empor,
Die an der Spitze trug Skorpionenwehre.

Der Führer sprach: „Es muß ein wenig winden
Sich unser Weg zum bösen Thier hervor,
Daß drüben ausgestrecket ist zu finden."

Zur Rechten abwärts gingen wir zusammen,
Und zehn Schritte machten wir am Rand,
Den heißen Grund zu meiden und die Flammen;
Als wir dem Thier uns nahten in dem Raume,
Sah etwas fern ich Leute auf dem Sand,
Die saßen dicht an jenes Abgrunds Saume.

Hier sprach der Meister: „Daß du vor dem Gehen
Erfahrung dieses Zirkels sammelst dir,
So trachte ihren Zustand anzusehen;
Doch kurz sei dein Gespräch auf kurzem Wege.
Indeß du hingehst, red' mit Dem ich hier,
Daß es die starken Schultern leihen möge."

So angelangt am letzten Abschnitt eilte
In siebenten der Kreise ich allein
Hin, wo das schwer betrübte Volk verweilte.

40 Aus Aller Augen drangen Schmerzeszähren,
Die Hand half da und dort, um ab die Pein
Vom Dunste bald, und bald vom Sand zu wehren.
43 So machen Hunde es an Sommertagen,
Jetzt mit der Schnauze, jetzt auch mit dem Fuß,
Wenn Flöhe, Fliegen, Bremsen stechend plagen.
52 Als Einige nun fester ich betrachtet,
Auf welche fiel der Schmerzen-Feuerguß,
Erkannt' ich Keinen; doch es ward beachtet
55 Von mir, daß an dem Halse Jeder hangen
Hatt' eine Tasche, die bemalet war;
D'rauf sah ihr Aug' mit lüsternem Verlangen.
58 Als durch die Nähe mehr sich mir entfaltet,
Schaut' ich ein Blau im gelben Beutel klar,
Am Kopf und Leibe wie ein Leu gestaltet.³)
61 Und da ich weiter hin die Blicke neigte,
Gewahrt' in einem andern, blutig roth,
Ich eine Gans, die Butterweiße zeigte.⁴)
64 Und Einer, welcher blau auf weißem Grunde
Der trächt'gen Sache Bild dem Auge bot,
Sprach jetzt: „Was thust du hier in diesem Schlunde?⁵)
67 Nun geh', und wisse, weil du noch auf Erden,
Daß Vitalian, mein Nachbar, nah' d'ran sei⁶)
Zu meiner Linken her versetzt zu werden.
70 Ich Paduaner bin hier ein Geselle
Der Florentiner; oft erdröhnt ihr Schrei:
„Der Fürst, der Ritter finde seine Stelle!"

Der mit den Beutel bringt mit den drei Böcken."⁷) 73
Aus schiefem Mund streckt' er die Zung' hervor,
Wie Ochsen thun, die sich die Nase lecken.

Ich ging voll Furcht, durch Säumen zu mißfallen 76
Ihm, der zur Eile früher mich beschwor,
Hinweg von den betrübten Seelen allen.

Ich fand den Führer, der sich aufgeschwungen 79
Schon auf den Rücken von dem wilden Thier,
Er sprach: „Von Muth und Stärke sei durchdrungen,

Dieß wird fortan die Treppen uns ersetzen;⁸) 82
Steig' vorne auf, ich bleibe mitten hier,
Auf daß der Schweif nicht könne dich verletzen."

Gleich Dem, der nah den Fieberanfall fühlet, 85
So, daß die Nägel blau, und daß er bebt
Beim Anblick schon des Schattens, welcher kühlet,

Fand ich bei jenen Worten mich gequälet; 88
Doch durch sein Droh'n ward ich von Scham belebt,
Die vor dem muth'gen Herrn den Diener stählet.

Ich setzte mich auf den gewalt'gen Nacken, 91
Und wollte sagen — doch die Stimme kam
Nicht, wie ich glaubte — „Eile mich zu packen."

Er aber, der auch sonst in anderm Harme 94
Mit seinen Kräften mir geholfen, nahm,
Sobald ich oben, fest mich mit dem Arme,

Und sprach: „Geryon, endlich fortbeweget!⁹) 97
In weiten Kreisen sei dein Absteig sacht,
Denk' an die neue Last, dir auferleget."

XVII. Gesang.

100 Wie man das Schiff von seinem Standort gehen
Nach rückwärts schaut, ward es von ihm gemacht;
Sobald er sich im Freien ganz gesehen,
103 Ließ er den Schweif hin, wo die Brust war, kommen,
Streckt' ihn, wie es der Aal thut, aus im Raum,
Und von den Tatzen ward die Luft durchschwommen.
106 Nicht größ'rer Schrecken, glaubt' ich, ward begründet
Als Phaeton entfallen ließ den Zaum,
Drob' sich der Himmel, wie man sieht, entzündet, [10])
109 Noch als sich Ikaros entsetzt entzogen
Die Schwungkraft fühlte, weil das Wachs zerrann,
Und ihm der Vater zurief: „Schlimm geflogen!" [11])
112 Als meiner war, da Luft auf jeder Seite
Ich fühlte und mir nichts mehr sichtbar dann
War, als das Thier allein in leerer Weite.
115 Wie es so schwimmend langsam niedergehet,
Senkt' sich's im Kreis; doch werd' ich's nur gewahr,
Weil Luft ins Antlitz mir und unten wehet;
118 Ich hörte schon zur rechten Hand voll Grauen
Den Strudel wirbeln, daß es schrecklich war;
D'rum beugte ich den Kopf, hinab zu schauen.
121 Und mehr erbebt' ich vor dem Abgrund wieder,
Weil Feuer ich erblickt', Wehlaut vernahm,
Weshalb ich zitternd ganz mich duckte nieder.
124 Und mehr als früher konnt' ich jetzt entdecken
Das Abwärtssteigen, durch den großen Gram,
Der sich mir nahte von verschied'nen Ecken.

Gleichwie der Fall', den lang der Flug getragen, 127
Wenn Federspiel und Vogel ihm ausging,¹²)
Den Falkner: "Weh, du sinkest!" machet sagen,
Und, wo er schnell entflogen, müd sich senket, 130
Dann sich in hundert Kreisen dreht im Ring,
Und weit vom Herrn sich hält, den er gekräulet,
Setzt uns Geryon ab von seinem Rücken 136
Ganz dicht an des gezackten Felsens Fuß;
Als er uns los, entschwand er schnell den Blicken,
Wie aus dem Bogen fliegt der Pfeilesschuß. 139

XVIII. Gesang.

1 Ein Ort, deſſ' Name „Uebelſchlünde" klinget,
 Iſt in der Höll', von Stein und eiſengrau,
 Dem Walle ähnlich, welcher ihn umringet;
4 Ein breiter, tiefer Schacht iſt ausgehöhlet
 Vom böſen Feld im Mittelpunkt genau;
 Wo es ſich ſchicket, wird von ihm erzählet.
7 Der Kreis, der übrig noch, zieht in der Runde
 Inmitten von dem Schacht ſich und der Wand,
 Und zehen Thäler ſind in ſeinem Grunde.
10 Wie, wo zur Huth der Mauern ſich von Gräben
 Um die Caſtelle zieht ein mehrfach Band,
 Der Ort erſcheinet, welchen ſie umgeben,
13 Ein ſolches Bild war hier auch anzuſehen;
 Und wie bei Feſtungen von jedem Thor
 Bis zu der äußern Mauer Brückchen gehen,
16 So ſprangen von dem Fuß der Felſenzinnen,
 Durchſchneidend Wäll' und Gräben, Klippen vor,
 Bis zu der Mündung in dem Schachte drinnen.

Vom Rücken des Geryon abgestiegen   19
An diesem Orte standen jetzo wir;
Dem Dichter nach mußt ich zur Linken biegen;
Zu meiner Rechten sah ich neuen Schaden,   22
Und neue Quäler, neue Peinen hier,
Mit denen voll der erste Schlund belaben.
Von nackten Sündern kam uns aus der Mitte,   25
Diesseits am Grund, entgegen eine Schar;
Die drüben zog voran mit schnellerm Schritte,
Gleichwie die Römer in dem Menschendrange   28
Dort auf der Brücke in dem Jubeljahr,
Damit die Menge schneller fortgelange,
Auf einer Seite alle lassen wandern,   31
Die zum Castelle nach S. Peter geh'n,
Und die zum Berge ziehen auf der andern.¹)
Und Teufel konnt' ich, welche Hörner trugen, 34
Am dunkeln Felsen hier und drüben seh'n,
Wie sie den Schwarm mit Geißeln hinten schlugen.
Wie machten schnell sie Aller Fersen heben   37
Schon bei den ersten Schlägen; Keiner blieb,
Um noch den zweiten, dritten zu erleben.
Da ich so ging, kam meinem Blick entgegen   40
Hier Einer, der mich schnell zu sagen trieb:
„Sonst wohl traf Diesen ich auf meinen Wegen."
Drum stand ich stille, ihn in's Aug' zu fassen, 43
Mein süßer Führer aber blieb bei mir,
Und wollt' etwas zurück mich gehen lassen,

46 Und Jener wähnte frei sich von Gefährde,
 Die Blicke senkend, wenig half es hier;
 Ich sprach: „Der du den Kopf hier neigst zur Erde,
49 Du mußt, betrügt dein Antlitz nicht mein Auge,
 Venedico Caccianimico sein;
 Jedoch was bringt dich in so scharfe Lauge?"²)
52 Und er zu mir: „Die Antwort muß mich kränken,
 Die klare Sprache zwinget mich allein,
 Die an die alte Welt mich macht gedenken.
55 Ich war's, der Ghisola mit Leib und Seele,
 Die schöne, lockt' in des Marchese Arm,
 Wie man die Schmachgeschichte auch erzähle.³)
58 Nicht ich bin hier nur von Bolognas Söhnen;
 Der Schlund ist so erfüllt mit ihrem Schwarm,
 Daß so viel Zungen jetzt sich nicht gewöhnen,
61 Zwischen des Ren's und der Savena Wogen
 Zu sagen Sipa als Bejahungswort;⁴)
 Zum Glauben sei durch unsern Geiz bewogen."
64 Ein Teufel kam, als Jener sprach, gelaufen,
 Traf mit dem Riemen ihn und sagte: „Fort,
 Hier, Kuppler, sind nicht Weiber zu verkaufen."
67 Und ich erreichte wieder meinen Leiter,
 Mit wenig Schritten kamen auf dem Gang
 Wir bis zum Vorsprung einer Klippe weiter.
70 Und diese ward sehr leicht von uns erklommen;
 So waren rechts auf ihrem Zackenhang
 Wir von den obern Kreisen weggekommen.

Als wir dort waren, wo sie unten offen 73
Gibt den Gepeitschten Raum hinburch zu geh'n,
Da sprach mein Führer: „Warte, daß getroffen
Dein Aug' vom Anblick sei der andern Bösen, 76
Die du von vorne noch nicht konntest seh'n,
Weil ihre Richtung unf'rer gleichgewesen."
Wir schauten von der Brücke, wie getrieben 79
Der and're Zug uns jetzt entgegen kam,
Gezüchtigt eben so mit Geißelhieben;
Der gute Meister, ohne mein Befragen 82
Sprach so: „Dort naht ein Großer, der den Gram,
Wie's scheinet, sonder Thränen weiß zu tragen;
Mit Königsanstand siehst du noch ihn kommen, 85
Der Jason ist es, der durch Geist und Muth
Das Widderfell den Kolchiern weggenommen.

Durch Lemnos Insel führte ihn die Reise, 88
Nachdem die Weiber dort in kühner Wuth
Die Männer all' getödtet schaarenweise;
Mit Wort und Mienen täuscht' er das Vertrauen 91
Dort der Hypsipile, die jung und fein,
Zuvor getäuschet alle andern Frauen,
Und von der Schwangern sah man dann ihn scheiden, 94
Die Schuld verdammet ihn zu solcher Pein;
Gerächt wird hier auch der Medea Leiden,
Mit ihm geh'n Alle, welche so betrügen. 97
So viel zu wissen von dem ersten Schlund,
Und Denen, die d'rin bluten, muß genügen:"

100 Wir waren dort schon, wo der schmale Bogen
Durchkreuzt den zweiten von den Dämmen, und
Zur Stütz' ihn macht, zum andern Steg gezogen.

103 Hier fanden Volk wir winselnd wehellagen
Im zweiten Thal, und schnauben mit dem Maul,
Und mit den Händen auf sich selber schlagen.

106 Es war die Wand mit Schimmel überdecket
Durch Qualm von unten, der dort klebt und faul
Und widrig mit dem Aug' die Nase necket.

109 So tief ist dieser Ort, daß er sich zeigen
Dem Aug' nur konnt', wenn auf den Rücken wir,
Den höchsten von der Klippe, wollten steigen.

112 Wir kamen hin, und steckend sah ich Seelen
Im Kothe in der Grube unter mir,
Der gleich dem Menschenunrath in Kanälen.

115 Und während ich im Suchen abwärts gaffe,
Seh' Einen mit so schmutz'gem Haupte ich,
Daß man nicht unterschied, ob Lai'- ob Pfaffe.[7])

118 Der schrie mich an: „Was magst du wohl gewinnen,
Daß du vor allen Andern schaust auf mich?"
Ich sprach: „Weil ich, kann ich mich recht entsinnen,

121 Dich sah, als trocken noch dein Haar gewesen;
D'rum schau zumeist ich dich, Alexius, an
Von Intermiuei, dich den Lucchesen."

124 „Hier macht die Schmeichelei mich untertauchen,"
Sagt' er, sich auf den Schädel klopfend dann,
„Die nie die Zunge satt ward zu gebrauchen."

D'rauf sprach der Führer: „Trachte nur zu strecken   127
Ein wenig vorwärts dein Gesicht sofort,
Damit dein Aug' die Züge mög' entdecken
Von Jener, die zerzaust im Schmutz zu sehen   130
Ist, sich mit schnöden Nägeln kratzet dort,
Und bald versinkt, bald aufrecht kommt zu stehen;
Thais, die Metze ist es, welche sagte   133
Dem Buhlen: „Ja, mit wunderbarem Glück,"*)
Als er: „Find' ich viel Gunst bei dir?" sie fragte,
Und hiemit sei gesättigt unser Blick."   136

XIX. Gesang.

1 O Simon Magus, schlimme Simonisten,
Die ihr die Dinge Gottes, die vermählt
Mit Werth sein sollten, voll von Habgelüsten
4 Für Gold und Silber preisgebt und vertheilet;¹)
Drommetenschall erdröhn' euch, da gequält
Ihr in dem dritten Jammerschlunde weilet!
7 Wir waren bis zur nächsten Gruft gekommen,
Wo wir zu jenem Theil vom Klippenband,
Der senkrecht ob der Mitte schwebt, gekommen.
10 O höchste Weisheit, welche Kunst im Werke
Im Himmel, auf der Erd', im bösen Land
Zeigst du, vereinst Gerechtigkeit mit Stärke!
13 Dort schaut' ich an den Seiten und am Grunde
Den grauen Stein gefüllt mit Löchern an,
Gleich breit und ausgehöhlet in der Runde;
16 Sie schienen mir nicht mehr noch minder enge
Als Jene, die in meinem Sankt Johann
Den Taufenden bestimmt sind im Gedränge;

Von diesen sprengt' ich ein's vor wenig Jahren, 19
Weil Einer d'rinn den Athem schon verlor;
Durch solches Zeugniß will ich mich verwahren.*)
Aus jedes Mündung sah man hier gestrecket 22
Von einem Sünder Füß' und Beine vor
Bis an die Wad', das And're war versteckel.
Die beiden Sohlen hatten sie in Flammen, 25
Und die Gelenke zuckten, daß ihr Drang
Zerrissen hätte alle Strick' zusammen;
Wie wir an ölgetränkten Dingen sehen 28
Das Flackern stets der Oberfläch' entlang,
War hier es von den Fersen zu den Zehen.
„Wer ist es, Herr, der mit der Füße Spitze 31
Mehr zappelt als die Leidgenossen all',"
Sprach ich, „und sich verzehrt in röth'rer Hitze?"
D'rauf er zu mir: „Soll ich hinab dich tragen 34
An jenen Abhang mit dem tieferm Fall,
So wird von ihm und seiner Schuld er sagen."
Und ich: „Lieb ist mir, was dir lieb sich zeiget, 37
Du bist der Herr, und weißt, daß nie von dir
Mein Wille weicht, weißt auch was man verschweiget."
Und von dem Damm, der führt zum vierten Schlunde, 40
Hinunter stiegen links gewendet wir
Zu dem durchlöcherten und schmalen Grunde.
Der gute Meister setzte nicht mich nieder, 43
Bis er mich hingebracht zu dem Bereich
Von Jenem, dem so zappelten die Glieder.

46 Wer du auch sei'st, deff' Oberes gekehret
Hinab ist, eingerammt dem Pfahle gleich,"
Sprach ich, „kannst du, so sei ein Wort gewähret."
49 Dem Mönche glich ich, der zurück verlanget
Vom schon versenkten Mörder wird, daß sich
Der Tod verzög're noch, vor dem ihm banget.³)
52 Er aber schrie: „Bist du schon angekommen?
O Bonifaz? Um Jahre täuschte mich
Also, was von der Zukunft ward vernommen?⁴)
55 Hat am Besitz die Lust so schnell geendet,
Für den zu hintergehen du gewagt
Die schöne Frau, die dann du frech geschändet"?⁵)
58 Ich war, wie Jene, welche hingerissen
Von Scham, weil ihnen dunkel, was man sagt,
Verlegen gar nichts zur Erwied'rung wissen.
61 Virgil befahl: „Die Antwort gib nur schnelle:
„Ich bin's nicht, den du meinest, bin nicht Der."
Wie's mir geboten, that ich auf der Stelle.
64 D'rum sah den Geist die Füße ich verdrehen,
Dann sagte er mit Seufzern kläglich schwer:
„Was also soll von mir für dich geschehen?
67 Begehrst du so zu kennen meine Würde,
Daß deshalb du hinabsliegst diese Wand,
So wiss': Ich trug des großen Mantels Bürde.
70 Wohl hab' als Bärensohn ich mich entdecket,
So gierig für der Bärlein bessern Staub,
Daß dort ich Geld, und hier mich eingestecket.⁶)

Mir unterm Haupt sind die im Schlund enthalten, 73
Die Simoniſten waren ſchon vor mir,⁷)
Und jetzt gepreſſt ſind in des Steines Spalten.
Auch ich muß dort hinab mich ſenkend kommen, 76
Wenn Der naht, den ich meinte, als ich dir
Die Frage plötzlich that, die du vernommen.
Doch länger hab' ich hier ſchon ſtecken müſſen, 79
Wo jede Sohle in den Gluthen brennt,
Als er bleibt eingepfählt mit heißen Füßen;
Von Weſten kommt, durch ärg're Schuld beflecket, 82
Nach ihm ein Hirte, der Geſetz nicht kennt,
Und, wie es billig, ihn und mich bedecket. ⁸)
Wie Jaſon wird er ſein, von dem geſchrieben 85
Steht, daß er Gunſt gewann am Königsthron,
Ganz ſo wird Dieſen Frankreichs Herrſcher lieben." ⁹)
Ich weiß nicht, ob man's thöricht nennen ſollte, 88
Daß ich ihm Antwort gab in dieſem Ton:
„Nun ſag' mir einmal, welche Schätze wollte
Der Herr, als er dem Petrus übergeben 91
Die Schlüſſelmacht? Gewiß, er ſagte blos:
„Mir nach auf meinen Spuren ſollſt du ſtreben."
Und keiner der Apoſtel hat begehret 94
Gold von Mathias, welchem durch das Loos
Die Stelle des Verräthers ward gewähret. ¹⁰)
D'rum bleib', gerechter Pein gingſt du entgegen, 97
Und hüthe wohl das ſchlimm erworb'ne Gut,
Das wider Karl dich hat gemacht verwegen. ¹¹)

100 Und wenn nicht noch verböte solches Wagen
Die Ehrfurcht vor der hohen Schlüsselhuth,
Im heitern Leben dort dir übertragen,
103 So träf' in härtern Worten euch mein Tadel;
Denn eure Habbegier betrübt die Welt,
Drückt Gute und verleiht den Bösen Adel;
106 Ihr Hirten seid's, die der Apostel meinet,
Mit Der, die sitzend auf der Fluth sich hält,
Als Buhlerin mit Königen vereinet;
109 Mit ihr, die siebenhäuptig ward geboren,
Und die an Kraft war von zehn Hörnern reich,
So lang ihr Gatte Tugend sich erkoren.¹²)
112 Ihr machtet Gold und Silber euch zum Gotte;
Seid ihr nicht ganz den Götzendienern gleich?
Nur hat für Einen Hundert eure Rotte.
115 Ach, Constantin, welch' Unheil ist gekommen,
Nicht, weil du dich bekehrt, doch weil dein Gut
Der erste Papst, der reich ward, angenommen." ¹³)
118 Da ich solch Lied ihm vorsang unverholen,
Nagt' ihn Gewissen also oder Wuth,
Daß kräftig er empor warf beide Sohlen.
121 Ich glaube, daß es meinem Herrn gefallen,
So wohl zufrieden horcht' er auf den Klang
Der wahren Worte, die ich ließ erschallen.
124 Dann mußt' ich fest an seine Brust mich schmiegen,
Als er mit beiden Armen mich umschlang;
So stieg er auf, wo er herabgestiegen.

Nicht ward er müde mich an sich gedrücket 127
Zu halten, bis er auf dem Gipfel stand
Des Bogens, wo zum fünften Damm man rücket.
Hier legte sanft er ab die sanfte Bürde, 130
Da schroff und steil sich hob die Felsenwand,
So daß es Ziegen schwer zu klimmen würde;
Ein and'res Thal sah ich von diesem Rand. 133

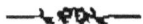

XX. Gesang.

1 Nun heißt es neue Pein in Verse bringen,
Die Stoff zum zwanzigsten Gesang beut dar
Des Lied's, das muß von den Versunk'nen singen.

4 Ich stand schon ganz bereit hinabzuschauen
In jenen Grund, der jetzt mir offen war,
Gebadet in den Thränen voll von Grauen.

7 Die Leute, die das runde Thal bewohnen,
Die kamen schweigend, weinend, wie man geht
Auf dieser Erde wohl in Prozessionen.

10 Und als ich tiefer drang mit meinen Blicken,
Bemerkt' ich Jeden wunderbar verdreht
Vom Kiane bis zum Anbeginn vom Rücken.

13 Ab von den Lenden war das Haupt gekehret,
Sie mußten rückwärts geh'n mit dem Gesicht;
Denn vor sich hinzuschauen war verwehret.

16 Verkrümmt durch Kraft der Lähmung mochte werden
Vielleicht so Mancher schon; doch sah ich's nicht,
Noch glaub' ich, daß es möglich sei auf Erden.

XX. Gesang.

Wenn Gott dir, Leser, läßt zum Nutzen taugen 19
Das, was du liesest, denke nur bei dir,
Ob trocken bleiben konnten meine Augen,
Als unser Ebenbild ich sah entsetzet 22
So umgestaltet, daß die Thränen hier
Die Hinterbacken durch den Spalt benetzet.
Gewiß, ich weint', an einen von den Steinen 25
Gelehnt so, daß: „Bist du von Denen noch?"
Mein Führer sagte, „welche thöricht weinen?
Hier lebt, wenn sie ertödtet ist, die Liebe; 28
Wo wäre wohl ein ärg'rer Frevler doch,
Als Der, den Gottes Rach' zum Mitleid triebe?
Erheb' dein Haupt, erheb' es, schaue Jenen, 31
Zu dem: „Wohin?" das Volk von Theben rief,
Als es die Erde unter ihm sah gähnen,
„Amphiareus, warum den Kampf verlassen?" 34
Er aber wollte fort zum Abgrund tief,
Zu Minos, der den Frevler weiß zu fassen.¹)
Merk', wie die Brust sich wandelte zum Rücken; 37
Weil vorwärts er zu viel zu seh'n begann,
Muß er nach hinten geh'n, nach rückwärts blicken;
Thresias sieh, der and're Form entfaltet, 40
Als er zum Weibe ward aus einem Mann,
Da ihm der Körper gänzlich ward umstaltet.²)
Von Neuen mußt' er eher schlagen wieder 43
Mit seinem Stabe auf das Schlangenpaar,
Eh' er zurück erhielt die Mannesglieder.

46 Der, ben beim Rücken man von Jenem schauet,
Mit seinem Bauch, und der in Luni war,
In dem Gebirg', wo der Carrarer bauet,³)
49 Ist Aruns, welcher dort die Meereswogen
Von seiner weißen Marmorhöhl' entdeckt,
Und dem sich auch die Sterne nicht entzogen.
52 Die, deren Brust, von der man nichts gewahret,
Mit dem gelösten Haupthaar ist bedeckt,
Und welche drüben hat was sonst behaaret,
55 Ist Manto, die nach langer Irrfahrt Wallen
Geruhet dort, wo ich zur Welt kam, hat,
D'rum mag, daß du mich hörst, mir wohl gefallen.
58 Sobald ihr Vater schied von dieser Erde,
Und eine Sklavin wurde Bachus Stadt,
Ertrug sie vieler Wanderung Beschwerde.
61 Es liegt ein See im schönen welschen Lande,
Dem Alpstock, welcher Deutschland schließet, nah,
Benacus, unfern vom Tirolerrande;⁴)
64 Aus tausend Quellen, glaub' ich, wird begossen
Von Garda bis zum Val camonica
Der Apennin vom Wasser, drinn verschlossen.⁵)
67 Von Brescia, Bergamo den Hirtensegen
Und von Trient empfangen könnt' ein Ort,
Der in der Gegend Mitte ist gelegen.⁶)
70 Peschiera's Rüstzeug, schön und kräftig, zeiget
Sich, Bergamo und Brescia trotzend, dort,
Wo sich des Ufers Rand am tiefsten neiget.

Hier muß so Vieles abwärts stürzend fließen 73
Als in Benacus Schooß nicht bleiben kann,
Als Strom die grünen Triften zu beglesen.
Sobald das Wasser seinen Lauf beginnet, 76
Heißt's nicht Benacus, sondern Mincio dann,
Bis bei Governo in den Po es rinnet.⁷)
Bald kann in einer Stepp' es sich verbreiten, 79
Die es versumpft, daß Schaden leiden mag,
Wer dort verweilen muß in Sommerzeiten.
Die wilde Jungfrau sah auf ihrem Wege 82
Hier Land, das in des Sumpfes Mitte lag,
Leer an Bewohnern und an Ackerpflege.
Daß sie vor Menschenumgang sich verhehlte, 85
Trieb mit den Dienern ihre Kunst sie dort,
Und ließ zurück die Hülle, die entseelte.
Die Leute dann, die rings zerstreut im Lande, 88
Vereinten sich an diesem festen Ort,
Zum Schutz umschlossen von des Sumpfes Bande;
Die Stadt, erbaut auf ihrem Grabesschooße, 91
Ward d'rauf nach Der, die jenen Platz erkor,
Geheißen Mantua, nicht nach dem Loose.⁸)
Die Zahl der Seelen hatte sich vermehret, 94
Eh' Der von Casalodi noch, der Thor,
Durch Pinamonte täuschend ward belehret.⁹)
D'rum mahne ich, sollst jemals du erfahren, 97
Daß man von einem andern Ursprung spricht,
Die rechte Kunde vor dem Trug zu wahren."

100 Und ich: „Gewißheit, Meister, kann ich holen
Aus deinem Wort und solche Zuversicht,
Daß and'rer Red' mir glich' verlöschten Kohlen.
103 Doch sprich, ob in dem Zuge von den Vielen
Hier Einer war bedeutend in der Welt;
Denn darauf einzig weiß ich jetzt zu zielen."
106 „Der, dem vom Kinne," hört' ich d'rauf ihn sagen,
„Der Bart auf die gebräunten Schultern fällt,
War in den mannberaubten Griechentagen, [10])
109 Wo in der Wiege Knaben kaum zu schauen,
Augur, und gab die Zeit mit Kalchas an,
Das erste Tau in Aulis zu zerhauen;
112 Er hieß Euryphyles, und von ihm singet
Mein hohes Trauerspiel; erinnern kann [11])
Dein Sinn dich wohl, der es so scharf durchbringet.
115 Der And're, der so dünn ist um die Lenden,
War Michel Scotus, welcher ganz und gar [12])
Das Trugesspiel des Zaubers hielt in Händen.
118 Bonatti sei Asdente dann betrachtet,
Der jetzt zu spät bereuen muß fürwahr,
Daß er auf Pfriem und Leder nicht geachtet. [13])
121 Die Weiber sieh, die sich auf Zauberspuren
Gewandt von Nadel, Rad und Spule fort,
Sie wirkten schlimm mit Kräutern und Figuren. [14])
124 Doch an der Gränze steht schon, laß dich spornen,
Der Hemisphären, und berühret dort
Das Meer, Kain bei Sevilla mit den Dornen. [15])

XX. Gesang.

Der Mond war gestern voll zur Abendstunde, 127
Du sollst b'ran denken; denn er nützte dir
Zuweilen wohl im tiefen Waldesgrunde."
Und während er es sagte, gingen wir. 130

XXI. Gesang.

1 Von Brück' zu Brücke ward Gespräch gepflogen,
  Das nicht besungen wird von meinem Mund;
  So schritten wir zum Gipfel von dem Bogen,
4 Und standen dort, den andern Spalt zu schauen
  Der Uebelschlünd' voll eitler Thränen, und
  Ich fand ihn eingehüllt in finst'res Grauen.
7 Wie in Venedig man an Wintertagen
  Im Arsenale kocht den zähen Theer,
  Um Sorg' für jedes lecke Schiff zu tragen,
10 Das nicht zur Fahrt mehr taugt, an dessen Stelle
  Man neue Schiffe macht und stellet her
  Die Rippen dem, das viel durchfurcht die Welle.
13 Vorn sieht man Einen hämmern, hinten Einen,
  Der macht ein Ruder, der dreht einen Strick,
  Der flickt am großen Segel, der am kleinen.
16 So, nicht durch Feuer, durch der Allmacht Hände,
  Kocht unten dort ein Pech, das heiß und dick
  An jeder Seite überklebt die Wände.

XXI. Gesang.

Ich sah es wohl, doch nichts von seinem Grunde, 19
Die Blasen aber, die es trieb empor,
Sah es bald schwellen, sinken bald zum Schlunde.
Da ich von Schauen ganz war eingenommen, 22
Zog mich mein Führer, sprechend: „Sieh dich vor!"
Vom Orte weg, an welchen ich gekommen;
Da wandt' ich mich gleich Einem, der begehret 25
Die Dinge, die von ihm zu meiden sind,
Zu schau'n, und der, von Schreck des Muths entleeret,
Nicht um zu schauen unterläßt das Fliehen; 28
Und einen schwarzen Teufel sah geschwind
Ich hinter uns die Klippe aufwärts ziehen.
Wie mußte Furcht sein rauher Anblick bringen, 31
Wie schien mir sein Gebahren wild verhaßt,
Leicht auf den Füßen und mit offnen Schwingen.
Auf seiner Schulter, hoch und spitz zu schauen 34
Saß mit den Schenkeln eines Sünders Last,
Dem er den Fußnerv packte mit den Klauen.
Und: „Uebellatzen," sprach er von der Brücke, 37
„Seht Einen von Sankt Zitta's Stadtgericht;[1])
Bringt ihn hinab; ich muß in's Land zurücke,
Um And're, da es wohl damit versehen, 40
Wo Jeder feil ist, nur Bonturo nicht;[2])
Für Geld sieht man aus Nein dort Ja entstehen."
Er warf ihn hin, und kehrte auf der Stelle 43
Zum Riff zurück; kein Hund, vom Bande frei,
Verfolgte je den Dieb mit solcher Schnelle.

46 Und Jener sagt, kam dann empor verkehret,
Die Teufel dann erhoben das Geschrei:
„Hier wird kein heilig Angesicht verehret,
49 Nicht wie im Serchiofluß wird hier geschwommen;
D'rum, hast du nicht nach unsern Nägeln Lust,
So hüte dich aus diesem Pech zu kommen."
52 Sie packten ihn mit mehr als hundert Hauern,
So sprechend: „Da bedeckt du tanzen mußt,
Magst du hier heimlich nach dem Golde lauern."
55 So läßt der Koch das Fleisch mit Gabeln drücken
Inmitten von dem Kessel durch den Knecht,
Auf daß es nicht mehr oben zu erblicken.
58 Der Meister sprach: „Damit sich nicht entdecke,
Daß du zugegen, so verkrieche recht
Dich hinter einen Fels, der dich verstecke.
61 Und wegen keines Leid's, das mich bedräute,
Sollst du besorgt sein; mir ist dieß bekannt,
Wohl früher schon war ich in solchem Streite."
64 Da er hinüber auf den Steg gegangen,
Und zu dem sechsten Damme sich gewandt,
Da that es noth, daß ihn nicht Furcht befangen.
67 Voll jenes Ungestüms, mit dem wir sehen,
Daß mancher Hund dem Armen Zutritt wehrt,
Der bittend ruft, sobald er bleibet stehen;
70 So kamen sie heraus jetzt unter'm Stege
Die Haken alle wider ihn gekehrt,
Er aber schrie: „Daß keiner Frevel hege!

XXI. Gesang.

Eh' ihr mich greift mit euern spitz'gen Haken, 73
Komm' Einer her, und leihe mir sein Ohr
Und dann bedenk' er ob ich anzupacken."
Sie riefen Alle: „Uebelschwanz soll kommen!" 76
Und standen still; nur Einer trat hervor,
Und sagte so zu ihm: „Was kann dir frommen?"
„Glaubst du denn, Uebelschwanz, in euerm Lande 79
Wär' ich erschlagen," sprach mein Meister jetzt,
„Trotz bietend siegreich jedem Widerstande,
Wenn Gott und Schicksal mich dazu nicht weihte? 82
Laß' gehen mich; im Himmel ist's gesetzt,
Daß Einen durch die Wildniß ich geleite."
Da war so tief der Hochmuth ihm gefallen, 85
Daß er den Haken sinken ließ sofort,
Und also sprach: „Man soll ihn nicht zerkrallen!"
Mein Führer sagte mir: „Du, der du wellen 88
Gekauert mußt in jenen Steinen dort,
Du magst zu mir zurück nun sicher eilen."
D'rum stand ich auf, um schnell zu ihm zu gehen; 91
Die Teufel drängten so gewaltig vor,
Daß vor Verrath ich fühlte Furcht entstehen.
So sah ich, wie der Schaar der Krieger graute, 94
Die durch Vertrag Caprona einst verlor,
Als sie von Feinden sich umgeben schaute;
D'rum schloß ich mich an meines Führers Seite 97
Ganz eng, und kehrte nimmer das Gesicht
Von ihrer Miene, welche Böses bräute.

100 Sie neigten ihre Zinken. „Soll ich zwacken
Ihn auf der Krupp'", rief Jeder, „meinst du nicht?"
Und Alle sprachen: „Ja, such' ihn zu packen!"
103 Doch jener Dämon, den zu sich beschieden
Mein Meister hatte, wandte sich in Eil',
Und sagte: „Raufebold, gib dich zufrieden,"
106 Dann sprach er: „Auf dem Riffe fortgezogen
Wird ferner nicht, unmöglich ist's, dieweil
Zerschmettert liegt am Grund der sechste Bogen.
109 Und wenn ihr vorzuschreiten doch verlanget,
Geht weiter auf dem Damm, bald beut sich dar
Ein and'rer Steg, auf dem ihr fortgelanget.
112 Fünf Stunden mehr als jetzt waren verstrichen
Gestern zwölfhundert sechs und sechzig Jahr',
Seit diese Steine aus den Fugen wichen.*)
115 Ich schicke dorthin Leute von den Meinen,
Zu sehen, wer sich mache Luft; geht mit,
Sie werden gegen euch nicht schlimm erscheinen."
118 „Kommt her," befahl er nun nach allen Seiten,
„Du Sentschwung, Hundeschnauz, du Fröstetritt,
Es soll der Krausebart die Zehnzahl leiten;
121 Es komme Mohrenblut und Drachennase,
Der Sauborst mit den Hauern, Hundsrall,
Der Höllenfalter und Karfunkelblase.
124 Der heiße Leim sei ganz von euch durchspüret,
Doch Die sei'n sicher bis zum nächsten Wall,
Wo unversehrt die Brücke überführet."

„Weh', Meister, mir, was ist's, was ich muß schauen!" 127
Sprach ich „frei von Begleitung laß' uns gehn',
Wenn du's vermagst; denn ich kann keinem trauen.
Ist dir gewohnte Sorgfalt angelegen, 130
So wirst du wohl ihr Zähneknirschen seh'n,
Und ihres Blicks falsch zwinkerndes Bewegen."
Und er zu mir: „Du sollst fürwahr nicht zagen, 133
Sie mögen knirschen; gilt es doch dem Loos
Nur der Gesoll'nen, welche schmerzlich klagen."
Sie schwenkten auf dem Damm zur linken Seite, 136
Doch zeigte Jeder erst die Zunge bloß,
Als Zeichen Dem, der ihnen gab Geleite,
Und mit dem Hintern blies Trompetenstoß. 139

XXII. Gesang.

1 Ich sah schon Reiter aus dem Lager rücken,
Die Must'rung halten und zum Angriff geh'n,
Und manches Mal sich zu dem Rückzug schicken.

4 Streifzügler hab' in euer Land ich brechen,
Ihr Aretiner, Plänkler dann geseh'n,
Turniere halten auch und Lanzenstechen,¹)

7 Bald mit Trompeten, bald mit Glockenschlägen,²)
Beim Trommeltone und beim Thurmsignal,
Wie sie bei uns, wie in der Fremde pflegen;

10 Doch mit Schalmei'n zieh'n, jener zu vergleichen,
Sah Fußvolk, Reiter ich kein einzig Mal,
Noch auch ein Schiff, auf Land,- auf Sternenzeichen.

13 Wir ließen uns von den zehn Teufeln lenken;
Garst'ge Gesellschaft! — Doch im Gotteshaus
Mit Heil'gen, heißt's, mit Schlemmern in den Schenken.

16 Nur auf das Pech allein wollt' ich jetzt achten,
Um ganz das Inn're von dem Schlund voll Graus,
Und Alle die b'rinn glühten zu betrachten.

Wie die Delfine, wenn sie Zeichen geben 19
Den Schiffern mit des Rückgrats Bogen vor
Dem Sturm, nach Rettung ihres Schiff's zu streben,³)
So tauchte zur Erleicht'rung in den Qualen 22
Ein Sünder mit dem Rücken wohl empor,
Und barg dann schneller sich als Blitzesstrahlen.
Und wie die Frösche ihren Kopf nur recken 25
Herauf an eines Grubenwassers Rand,
Die Füße aber und den Leib verstecken,
So waren Sünder hier an dieser Stelle; 28
Jedoch sobald sich Krausbart nahte, schwand
Ein Jeder eilig unter heißer Welle.
Da sah ich, was noch heut mir Schauder bringet, 31
Noch Einen, wie wohl von der Frösche Schaar
Der eine bleibt, da weg der and're springet;
Hundskrall, der ihn am nächsten konnt' erreichen, 34
Zog ihn, zerraufend das bepichte Haar,
Empor, der Otter schien er mir zu gleichen.
Von Allen wußte ich bereits die Namen, 37
So hatt' ich aufgemerkt bei ihrer Wahl;
Nun gab ich acht, wie auf den Ruf sie kamen.
„Karfunkelblase, trachte ihm zu setzen 40
Die Zinken in den Rücken," allzumal
Schrie'n die Verfluchten so, „ihn zu zersetzen."
Und ich: „Wenn du es kannst, so laß mich wissen, 43
O Meister, wer der Unglücksel'ge dort,
Der von der Hand der Gegner wird zerrissen?"

46 Mein Führer fragte ihn, zu ihm geneiget,
Woher er sei und Jener sprach sofort:
„Im Navarreserreich ward ich erzeuget,
49 Und von der Mutter zu dem Dienst erkoren,
Weil ich zum Vater hatte einen Wicht,
Der seine Habe und sich selbst verloren.
52 Hausdiener war ich bei Thibald dem Guten,
Und war bestechlich dort; im Strafgericht
Bezahlen muß ich es in diesen Gluten." *)
55 Der Sauborst, dem ein Zahn, wie ihn zum Wühlen
Der Eber hat, an jeder Seite stand,
Ließ ihn, wie scharf der eine war, nun fühlen.
58 Es war die Maus im Kreise schlimmer Katzen;
Doch Krausbart sagte, da er ihn umwand:
„Bleibt dort, so lang ihn halten meine Tatzen."
61 Und dann zum Meister hingekehrt: „Ihn fragen
Magst du nur jetzt, sofern du mancherlei
Noch hören möchtest, eh' sie ihn zerschlagen."
64 Der Führer: „Laß mich von den Andern wissen,
Kennst du wohl Einen, der aus Latium sei,
Hier unter diesem Pech?" und er: „Entrissen
67 Hab' ich mich kürzlich Einem, der im Leben
Ein Nachbar war; *) wär' ich mit ihm bedeckt,
So würd' ich nicht vor Klau' noch Ziute beben."
70 „Zu lang," sprach Mohrenblut, „ward es erlaubet!"
Vom Arm, den an den Haken er gesteckt,
Ward dann der Vordertheil von ihm geraubet.

Auch Drachennase wollt' ihm an dem Beine 73
Noch Eins versetzen, bis ihr Zehentmann
Sich wandte, ganz ergrimmet nach dem Scheine.
Sobald sie etwas ruhiger geblieben, 76
Fragt' ihn, der seine Wunde noch sah an,
Mein Führer ohne längeres Verschieben:
„Wer war's, von dem du sagst, daß dir zum Leibe 79
Du fortgingst, um zu kommen an den Rand?"
Der Mönch Gomit'," erhielt er zum Bescheide,
„Der von Galura, wohl in Trug erfahren, 82
Der, des Gebieters Feinde in der Hand,
So that, daß sie mit ihm zufrieden waren.
Geld nahm er an, und ließ sie ungeschoren, 85
Wie selbst er sagt; in andern Aemtern auch
War kein Gebot von Gold an ihm verloren.⁶)
Und mit ihm redet Don Michele Zanche 88
Von Logoboro, und es ist ihr Brauch
Vom Sardenland zu sprechen ohne Schranke.⁷)
Weh', zähnefletschend seht die wilde Fratze, 91
Mehr sagt' ich gern', doch wehrt die Furcht es mir,
Daß er zur Strafe mir das Fell zerkratze."
Zum Höllenfalter, der ein böses Streben 94
Im scheelen Blick verrieth, sprach: „Fort von hier,"
Der Hauptmann, „schlimmer Vogel, mußt du schweben."
„Sofern ihr hören wollet oder sehen," 97
So fing darauf der Furchtbefreite an,
„Lombarden, Tusken, mach' ich hier sie stehen,

100 Wenn nur die Uebeltatzen nicht verletzen,
   Daß Jene nicht in Sorge seien; dann
   Werb' ich mich selbst auf diese Stelle setzen,
103 Und für mich Einen ihrer Sieben wecken,"
   Sobald ich pfeife, wie es bei uns Brauch,
   Wenn unser Haupt wir aus dem Peche strecken."
106 Der Hundeschnauz erhob das Maul hier munter,
   Und sprach kopfschüttelnd: „Hör', was dieser Gauch
   Ersonnen hat, damit er tauche unter."
109 Und Jener, der stets Ränke trug im Herzen
   Gab ihm zur Antwort: „Wohl bin boshaft ich,
   Da ich den Meinen schaffe größ're Schmerzen."
112 Sentschwung hielt sich nicht länger, und entgegen
   Der Andern Willen sagt' er: „Birgst du dich,
   So folg' ich im Galopp nicht deinen Wegen;
115 Doch über's Pech werd' ich die Flügel schlagen;
   Weg von der Höhe — Schild sei nun der Strand;
   Laff' sehn, ob du's allein mit uns kannst wagen."
118 O Leser, sei vom neuen Spiel belehret;
   Ein Jeder sah zum andern Uferrand,
   Und Der zuerst, der früher sich gewehret;
121 Der Navarrese nützte wohl die Stunde,
   Er drückt' die Sohlen ein; im Augenblick
   Sprang er, und war befreit von ihrem Bunde.
124 Dieß war ein Schlag, der unerwartet Allen,
   Am meisten Dem, der Schuld am Mißgeschick;
   D'rum setzt er nach, und schrie: „Du bist verfallen."

XXII. Gesang.

Doch wenig half's; es konnte nicht besiegen 127
Der Flug des Schreckens Eil'; Der senkte sich,
Und Jener hob die Brust, empor zu fliegen.
Nicht anders taucht die Ente plötzlich nieder, 130
Wenn sich der Falke naht, der ärgerlich
Und von der Müh' gebrochen kehret wieder.
Und Fröstetritt, von solchem Spaß verletzet, 133
Folgt' ihm im Flug, und weil die rasche Flucht
Zu Händeln Anlaß gab, schien er ergetzet;
Alsbald, nachdem der Mäkler war verschwunden, 136
Ward der Gesell von seinen Klau'n gesucht,
Und über'm Graben balgend setzt' es Wunden.
Der And're war dem Sperber gleich, dem schnellen, 139
Und packt' ihn mit den Krallen, und die Zwei
Nun fielen mitten in die heißen Wellen.
Die Hitze hatt' sie rasch zur Ruh' bewogen; 142
Doch auffleh'n war unmöglich, da vom Brei
Des Pechs die Flügel waren überzogen.
Und Krausbart ließ an's and're Ufer fliegen 145
Vier mit den Haken, über's Mißgeschick
Wehklagend, und von dieß- und jenseits fliegen
Hinunter sie auf ihren Stand geschwinde; 148
Und angelten so Die heraus, die dick
Bepappt gekocht schon steckten in der Rinde.
Wir ließen in der Patsche sie zurück. 151

XXIII. Gesang.

1 Stillschweigend, einsam, unbegleitet wieder,
Der Eine nach, der Andere voraus,
So gingen wir wie Minoritenbrüder.

4 In Aesops Fabel war mein Sinn versenket,
Wo er vom Frosche spricht und von der Maus,
Weil jene Balgerei mich b'rauf gelenket. ¹)

7 Nicht ähnlicher kann Nun dem Jetzt erscheinen
Als eine hier der andern, wenn man nur
Anfang und Ende suchet zu vereinen.

10 Und wie Gedanken stets einander wecken,
So folgt' ein zweiter auf des ersten Spur,
Und machte doppelt meinen frühern Schrecken.

13 Ich dachte also: „Die sind in der Hetze
Durch uns von Schimpf und Schaden so erfaßt,
Daß ich vermuthe, daß es sie verletze;

16 Wenn Zorn und böser Wille sich verbinden,
So folgen sie uns nach in wild'rer Hast,
Als je der Hund den Hasen weiß zu finden.

XXIII. Gesang.

Schon fühlt' ich sträuben alle meine Haare, 19
Und vor Entsetzen blieb zurück ich, lieh
Das Ohr, und sagte: „Herr, verbergend wahre
Mich und dich selbst, sonst muß mich Furcht verstören 22
Vor Uebeltaten, hinter uns sind sie;
Schon glaub' ich in Gedanken sie zu hören."
Und er: „Besäß' ich eines Spiegels Helle, 25
So nähme ich dein äuß'res Bild doch nicht
Wie nun dein inn'res auf, in solcher Schnelle.
Jetzt erst kam dein Gedanke so in meinen, 28
Mit gleichem Gang und gleichem Angesicht,
Daß ich aus zwei Beschlüssen machte einen.
Wenn so, daß man zum andern Schlund kann ziehen, 31
Sich abwärts senket nur der rechte Hang,
So werden wir der Teufelsjagd entfliehen."
Noch konnt' er nicht das Wort zu Ende bringen, 34
Als ich sie schon bereit zu unserm Fang
Sich nähern sah mit ausgespreizten Schwingen.
Mein Führer faßte schnell mich mit den Händen, 37
Wie eine Mutter, die beim Lärm erwacht,
Wenn Flammen neben ihr das Auge blenden,
Die nimmt den Sohn und flieht, und will nicht leiden, 40
Weil sie auf ihn mehr als auf sich hat Acht,
Verzug, sich mit dem Hemde zu bekleiden.
Vom Gipfel dann der harten Wand zum Grunde 43
Rutscht' rücklings er am Hang, der schließt
Die eine Seite von dem andern Schlunde.

46 Das Wasser läuft durch Rinnen nie so schnelle,
Wenn es die Mühlenräder treibend fließt,
Und schon den Schaufeln nahe kommt die Welle,
49 Wie jetzt mein Herr, der an die Brust geschlossen
Mich trug am Felsensaum, wie seinen Sohn,
Und nicht wie seiner Wanderung Genossen.
52 Kaum waren uns're Füße auf dem Bette
Der Schlucht, als ober uns die Andern schon;
Doch gab's nicht Grund zur Furcht an dieser Stätte;
55 Denn jene hohe Vorsicht, die zu dienen
Sie in dem fünften Uebelschlunde zwang,
Die nahm die Macht, sich zu entfernen, ihnen.
58 Und unten trafen wir geschminkte Schaaren,
Die sich bewegten mit sehr schwerem Gang,
Und weinend, müde und gebrochen waren.
61 Sie hatten Kutten, und die Kappen nieder
Nach jenem Schnitt' gezogen vor's Gesicht,
Wie es in Köln die Tracht der Klosterbrüder;
64 Von außen sind sie Gold, das strahlend blendet,
Doch innen ganz von Blei, so an Gewicht,
Daß Stroh die sind, die Friedrich angeweudet.*)
67 O Mantel, der in Ewigkeit beschweret!
Mit ihnen, horchend ihrem Wehgeschrei,
Nun gingen wir, zur Linken stets gelehret.
70 Doch schritten Jene, durch die Last gebeuget,
So langsam schleichend fürder, daß sich neu
Gesellschaft uns bei jedem Schritt gezeiget.

Ich sprach zum Führer: „Trachte doch zu sehen, 73
Wer wohl durch Name, That bekannt war dort,
Und wende ringsumher den Blick im Gehen."
Und Einer schrie uns also nach: „O weilet," 76
(Verstanden hatte er mein tuskisch Wort,)
„Ihr, die ihr rasch die dunkle Luft durcheilet!
Vielleicht kann ich erfüllen deine Bitte." 79
Mein Führer wandte sich und sprach: „Hall ein,
Dann richte nach dem seinen deine Schritte,"
Ich blieb, und sah, wie Sehnsucht sie erfüsse, 82
Im Blick von Zweien nun, mit mir zu sein,
Doch hemmte sie die Last, die schmale Gasse.
Als sie erreicht uns hatten, schauten lange 85
Sie ohne Wort mich an mit scheelem Blick,
Und sagten zu einander auf dem Gange:
„Der scheint lebendig nach der Kehle Regen, 88
Und sind sie todt, welch' eignes Geschick
Läßt sie sich frei vom schweren Kleid bewegen?"
Und dann zu mir: „O Tuske, weil getragen 91
Zur Heuchler-Jammerschaar dich hat dein Fuß,
Verschmähe nicht, uns, wer du bist, zu sagen."
„Geburt empfing und wachsende Entfaltung 94
Ich in der großen Stadt am Arnofluß,"
Sagt' ich, „und bin in Erdenleibs-Gestaltung.
Doch ihr, wer seid ihr, denen Wehe immer, 97
Wie ich bemerk', herabträuft vom Gesicht?
Und was für Qual erscheint in euerm Schimmer?"

100 „Die gelben Kutten," sprach der Eine wieder,
„Sind von so schwerem Blei, daß ihr Gewicht
So knarrend drückt der Wage Schalen nieder.
103 Wir waren lust'ge Brüder, Bolognesen,*)
Lodringo der, ich Catalan' genannt,
Von deinem Lande beide auserlesen,
106 Das in der Ruhestifter Wahl sich neiget
Zu Einzelnen, Parteien unbekannt!
Wir thaten so, wie der Garbingo zeiget."⁴)
109 Und ich begann: „O Brüder, die Beschwerde —"
Sonst nichts, weil Einen plötzlich ich gewahrt,
Gekreuzigt mit drei Pfählen auf der Erde.
112 Vor meinem Anblick sah ich ihn verdrehen
Sich ganz, mit Seufzern blasend in den Bart;
Der Bruder Catalan', der es gesehen,
115 Sprach: „Der, den du durchbohrt hier siehst erscheinen,
Der rieth den Pharisäern, billig sei
Es, für das Volk dem Tod zu weihen Einen.⁵)
118 Zertreten, nackt ist er am Weg zu finden,
Und muß von Jedem, der hier zieht vorbei,
Die Schwere des Gewichtes erst empfinden;
121 In gleicher Weise muß der Schwäher klagen⁶)
Im Schlund und Alle von der Rathsherrn Schaar,
Die einst den Juden schlimme Frucht getragen."
124 Virgil sah ich verwundert über Diesen,
Der auf dem Kreuze angeheftet war,
So niedrig in den ew'gen Bann verwiesen.

XXIII. Gesang.

Dann richtet' an den Bruder er die Worte: 127
„Ist's euch erlaubt, so künd' uns euer Mund,
Ob sich zur Rechten finde eine Pforte,

Durch die wir Beide mögen weiter bringen, 130
Und nicht die schwarzen Engel, von dem Grund
Der Schlucht uns wegzutragen, müssen zwingen."

Er sprach: „Eh du es ahnst, hast du erblicket 133
Den Felsen, der vom großen Kreise dort
Ausgeht und alle Thäler überbrücket.

Nur daß er hier, gebrochen, nicht beschirmet. 136
Auf seinem Schutte klimmend kommt ihr fort,
Der seitwärts fällt, und auf dem Grund sich thürmet."

Der Meister hielt das Haupt etwas gesenket, 139
Dann sagte er: „So trieb mit uns nur Hohn
Er, der die Sünder dort mit Haken tränket."

Der Bruder sprach: „Um mancherlei verklaget 142
Hört' ich den Teufel in Bologna schon,
Auch daß er Lügen zeugt und Lügen saget."

Mein Führer ging hinweg mit großen Schritten, 145
Etwas durch Zorn im Angesicht verzerrt,
Ich aber folgte den geliebten Tritten
Von jenen schwer Beladnen abgelehrt. 148

XXIV. Gesang.

1 Wenn jene Zeit das junge Jahr erreichet,
 Wo Sol die Locken wärmt im Wassermann,¹)
 Und bald der Tag der Nacht an Länge gleicht,
4 Wenn nach der Reif zu zeichnen strebt auf Erben
 Das Bild des welßen Bruders, ob auch dann ^a)
 Bald, was sein Pinsel schuf, verwischt muß werden,
7 Erhebt der Landmann, dem das Nöth'ge fehlet,
 Sich, schaut hinaus, und sieht die Fluren blank
 Erglänzen, schlägt die Hüfte sich gequälet,
10 Klagt bei der Heimkehr da und dort betroffen,
 Und weiß nicht was er thut, am Geiste krank;
 Kommt dann zurück, und fasset frisches Hoffen,
13 Weil er in kurzer Zeit sich neubekleiden
 Die Erde sieht, ergreift den Stecken jetzt
 Und treibt hinaus die Schäflein sie zu weiden.
10 So ward mit Schreck vom Meister ich gebunden,
 Da sein Gesicht ich schaute so entsetzt,
 Und so geschwind ward Balsam auch gefunden.

XXIV. Gesang.

Denn, als wir kamen zur zerstörten Brücke, 19
Da schaute er so süß mich an, wie er am Fuß
Des Berg's sich einst gezeigt vor meinen Blicke.
Nachdem er erst mit sich zu Rath gegangen, 22
Den Sturz betrachtend, faßt er den Entschluß
Die Arme ausgespannt mich zu umfangen.
Wie Der, an dem man sieht, daß er bedenket 25
Im Handeln schon, was Zukunft birgt in sich,
So, da zu einem Fels er mich gelenket,
Merkt' er, daß in der Näh' ein and'rer rage, 28
Und sagte mir: „An diesen hänge dich,
Versuche früher nur, ob er dich trage."
Hier kann kein Kuttenträger aufwärts streben; 31
Er leicht, ich unterstützet konnten wir
Uns dennoch kaum von Block zu Block erheben.
Und wenn nicht mehr als von den andern Wegen 34
Der Abhang niedrig sich gesenket hier,
So wäre, wenn nicht er, wohl ich erlegen.
Doch weil hin, wo der tiefste Schacht sich mündet, 37
Der Uebelschlünde Richtung abwärts weicht,
Ist es im Bau von jedem Thal gegründet,
Daß eine Seite steigt, die and're sinket, 40
So ward die Höhe endlich doch erreicht
Von der hinab der Rest der Trümmer winket;
So war mein Athem in der Brust bekommen, 43
Als ich dort oben stand, daß nieder ich
Mich ließ, erschöpft, sobald ich angekommen.

46 „Du mußt dich endlich aus der Trägheit wecken,"
So sprach der Meister: „Ruhm erwirbt man sich
In Federn liegend nicht und unter Decken.

49 Und wer sein Leben sonder Ruhm verzehret,
Der läßt nicht länger auf der Erde Spur,
Als Rauch in Lüften, Schaum im Wasser währet.

52 Steh' auf, bezwinge dich, obgleich ermattet,
Mit jenem Geist, der sieget, wenn er nur
Dem schweren Leib nicht Widerstand gestattet.

55 Noch eine läng're Treppe mußt du steigen,
Genügen kann uns nicht an dieser hier;
Verstehst du mich, wirst du dich tüchtig zeigen."

58 Da stand ich auf, und that als wenn zum Werke
Mehr Athem, als ich fühlte, sei in mir,
Und sagte: „Geh, ich bin voll Muth und Stärke."

61 Wir mußten auf dem Felsenpfade wandern,
Der sehr beschwerlich war und rauh und schmal,
Und auch bei weitem steiler als die andern;

64 Nicht schwach zu scheinen, sprach ich noch im Gehen;
Und eine Stimme scholl nun aus dem Thal,
In ungeformten Wort schwer zu verstehen.

67 Obwohl ich auf den Rücken schon gekommen,
Des Bogens war, der überwölbt den Schlund,
Vernahm ich nur, daß sie von Zorn beklommen.

70 Ich sah hinab; doch nicht im Dunkel dringen
Konnt' ein lebendig Auge bis zum Grund;
D'rum sprach ich: „Meister, trachte dich zu schwingen

Zum andern Damm; die Wand hiernieder lasse 73
Uns schnell; hier hör' ich, doch verstehe nicht,
Und schau' in's Dunkel, wo ich nichts erfasse."

„Zur Antwort," sagt' er, „will ich dir's gewähren, 76
Und weiter nichts; gerecht ist, daß entspricht
Wortlos Erfüllung billigem Begehren."

Den Steg hinunter fliegen wir am Ende, 79
Das grenzet an den achten Felsenhang,
Da sah ich, was enthielten diese Wände.

Ich schaute einen Haufen in dem Innern 82
Von Schlangen wild und mannigfach, und bang
Erstarrt mir d'rob das Blut noch beim Erinnern.

Daß sich das sand'ge Libyen nicht mehr brüste; 85
Wenn es gleich Nattern, Brillenschlangen trägt,
Blindschleichen, Ottern auch in seiner Wüste,

So ward doch niemals noch so schlimme Bande 88
Mit ganz Aethiopien selbst von ihm gehegt,
Und mit des rothen Meeres Küstenlande.

Und laufen sah ich Leute, angstbetroffen 91
Und nackt umher im grauenvollen Kranz,
Kein Winkel war, kein Heliotrop zu hoffen;[3])

Die Hände waren hinten fest gebunden 94
Mit Schlangen; diese steckten Kopf und Schwanz
Durch Jener Lenden, vorn im Knäu'l umwunden.

Und siehe, eine Schlange, ihn zu packen 97
Naht' Einem, der in unsrer Näh' sich fand,
Ihr Biß traf zwischen Schulter ihn und Nacken.

100 Nie ward so schnell ein O, ein J geschrieben,
Als er entbrannte und in Flammen stand,
Zu Asche ganz mußt' er im Fall zerstieben.
103 Und wie er so zerstört lag und zerstreuet,
Da sammelte von selber sich der Staub,
Im gleichen Augenblick ward er erneuet.
106 So wird von großen Weisen kund gegeben,
Daß sich der Phönix weiht dem Tod zum Raub,
Fünfhundertjährig, wieder aufzuleben.
109 An Gras und Korn hat er sich nie geweidet,
Nur an des Weihrauchs und des Ingwers Saft,
Bis er im Narden-Myrrhenbett verscheidet.
112 Gleich dem, der fällt, weil ihm Bewußtsein schwindet,
Hinabgezogen durch Dämonenkraft,
Auch wohl durch Stockung, die den Menschen bindet,
115 Und wenn er sich erhebet, um sich schauet,
Verwirret ganz von dem erlitt'nen Harm,
Und starren Blickes stöhnet, weil ihm grauet,
118 War jener Sünder, als er aufrecht wieder.
Ach, wie so streng ist Gottes Richterarm,
Der rächend solche Schläge sendet wieder!
121 Der Führer fragte ihn nach seinem Stande;
Er sprach: „In dieses Nest des Dunkels hin
Stürzt' ich vor Kurzem aus Toskanas Lande;
124 Berthierel war, nicht menschlich meine Seele,
Da Vanni Fucci ich, der Bastard, bin,
Ein Thier, Pistoja war mir würd'ge Höhle." ⁴)

Und ich zum Meister: „Daß er nicht entweiche, 127
Eh' er von seiner Schuld berichtet dir!
Ich kannt' an ihm gewaltsam blut'ge Streiche."
Der Sünder barg sich nicht, da er es hörte, 130
Den Sinn, das Antlitz wandte er zu mir,
Das jetzt die Glut der düstern Scham verstörte;
Er sprach: „Daß du getroffen mich im Leiden, 133
In dem du hier mich schaust, ist minder lieb
Mir noch, als daß von dort ich mußte scheiden.
Nicht weigern kann ich, was dein Mund erflehte, 136
Ich kam so tief herab, weil ich ein Dieb
Im Dome war am heiligen Geräthe.
Ein And'rer ward verklagt mit falschem Worte; 139
Doch daß Erinn'rung nicht ergötze dich,
Wenn je du kommst aus diesem finstern Orte,
Sollst du dein Ohr dem, was ich künde, neigen: 142
Pistoja löset von den Schwarzen sich,
Florenz wird neu an Volk und Art sich zeigen.
Es wird ein Dunst im Magrathal erhoben, 145
Wo Mars in Wolken hüllet dicht den Tag,
Umrast von Sturmes ungestümem Toben;
Auf dem Picenerfeld bekämpft, bricht wieder 148
Der Nebel schnell entzwei im Blitzesschlag,
Der jeden Weißen plötzlich wirft darnieder.
Gesagt hab' ich's, daß es dich kränken mag." ᵇ) 151

XXV. Gesang.

1 Am Schlusse seiner Worte hob die Hände
Mit durchgesteckten Daumen auf der Dieb,
Und rief: „Nimm hin, o Gott, was ich dir sende!"
4 Seitdem bin ich versöhnet mit den Schlangen;
Denn eine naht' dem Halse, wie im Trieb,
Zu sagen: „Nicht mehr soll'st du's unterfangen!"
7 Den Armen eine And're, ihn zu binden,
Sich selbst umwickelnd vorne so, daß nur
Zu einem Ruck selbst war kein Raum zu finden.
10 Pistoja, wehl man sollte dich ermahnen
Von dir zu lassen nur der Asche Spur,
Weil du noch schlimmer handelst als die Ahnen!
13 In keines Höllenkreises finstern Schauern
Sah einen Geist vor Gott so trotzen ich,
Selbst der nicht that's, der fiel vor Thebens Mauern;
16 Er sprach nichts mehr im flüchtigen Enteilen,
Und ein Centaure nahte wüthend sich,
Und schrie: „Wo mag, wo mag der Freche weilen?"

XXV. Gesang.

Ich glaube nicht, daß so viel Schlangen drinnen 19
Sel'n in Maremm', als auf dem Kreuz er trug
Bis hin, wo Menschenform man sieht beginnen.

Auf Schultern, Nacken lag ein Ungeheuer, 22
Ein Drache, der mit off'nen Flügeln schlug
Um sich; was er berührte stand im Feuer.

Der Meister sprach: „Cakus kommt hergezogen, 25
Der unterm Aventinerfelsgestein
Oft einen See verbreitet blut'ger Wogen.

Er und die Brüder zieh'n auf andern Pfaden; 28
Denn einen Diebstahl übt' er listig fein,
Der großen Herde, die ihm naht', zum Schaden.¹)

D'rum mußten enden seine falschen Wege 31
Durch Hrkuls Keule, welcher ihn versetzt,
Obgleich er zehn kaum fühlte, hundert Schläge."

Da er vorbei ging, als ich dieß erfahren, 34
Gelangten unter uns drei Geister jetzt,
Wir beide konnten sie erst dann gewahren,

Als wir sie: „Wer doch seid ihr?" hörten schreien; 37
Zum Schweigen wurden wir sogleich bewegt,
Um ihnen einzig Achtsamkeit zu weihen.

Da traf es sich, bleweil ich nicht sie kannte, 40
Daß, wie es manchmal zu geschehen pflegt,
Der Eine plötzlich einen Andern nannte,

Und sagte: „Wo doch blieb der Cianfa eben?"²) 43
Damit der Führer stille halte sich,
Eilt' ich zum Mund den Finger auf zu heben.

46 Wenn du, o Leser, säumeſt nun zu glauben,
Was ich erzähle, ſtaun' ich nicht, da ich,
Der's ſah, ſelbſt kaum vermag mir's zu erlauben;
49 Als ich auf Jenen feſt gerichtet blickte,
Stürzt' eine Schlange ſechsgefußt empor,
An Einem hier, an den ſie feſt ſie drückte;
52 Da ſeinen Bauch die Mittelfüß' umſchlangen,
Ergriff ſie mit den vorderen zuvor
Die Arme, biß ihn dann in beide Wangen;
55 Als ihre Hinterfüße aus ſie ſtreckte
Zu beiden Schenkeln, zog ſie durch den Schweif,
Den ſie zurück dann durch die Lenden ſteckte;
58 Nie war der Efeu mit dem Baum verbunden
So eng, wie dieſes Ungethüm im Reif
Die Glieder um des Andern Leib gewunden;
61 Dann ſchmolzen ſie zuſammen wie Geſtalten
Von heißem Wachs, die Farbe ward vermengt,
Und Keines war ſich ſelbſt mehr gleich zu halten,
64 So wie man an den Blättern aufwärts findet
Ein Braun, das wächſt, eh' ſie die Glut verſengt,
Und noch nicht ſchwarz iſt, da das Weiße ſchwindet.
67 „Agnello, weh! du biſt nicht mehr zu kennen!" ³)
Die andern Zwei, die hinſah'n, riefen's hier,
„Nicht Einen kann man mehr, noch Zwei dich nennen."
70 Die beiden Köpfe ſah man ſich vereinen,
Vermiſcht erblickten zwei Geſtalten wir,
Verloren zwei Geſichter in dem Einen;

Zwei Arme sah aus vieren man entstehen, 73
Die Schenkel mit den Füßen, Brust und Bauch,
Sie wurden Glieder, wie man nie gesehen.

Die vorige Gestalt war ganz gewichen, 76
Zwei schien das Wandelbild und keines auch,
Und also kam es langsam her geschlichen.

So wie die Eidechs in der großen Hitze 79
Des Hundesterns kommt über'n Weg gerannt,
Und schnell den Zaun vertauschet gleich dem Blitze,

Sah ich wie zu der Beiden Wanst sich neigte 82
Ein Schlänglein, das von rascher Wuth entbrannt
Die schwärzlich braune Farb' des Pfeffers zeigte.

Der Theil, durch den zuerst genähret wir werden, 85
Ward Einem von der Schlange Stich verletzt,
Die dann vor ihm lag ausgestreckt auf Erden.

Anstarrte d'rauf sie ohn' ein Wort zu sagen 88
Der so Durchstoch'ne, stand und gähnte jetzt;
Als hätt' ihn Fieber oder Schlaf geschlagen;

Es blickten auf einander hin die Beiden, 91
Aus seiner Wund', aus ihrem Maul drang Rauch,
Und Keiner war vom Anderen zu scheiden.

Lucan verstumme nur mit der Geschichte 94
Von dem Sabellus, von Nasidius auch,
Und horche still auf das, was ich berichte. ⁴)

Es schweig' Ovid von Cadmus, Arethusen; 97
Ob er gleich ihn zur Schlange, sie zum Quell
Umformt', neid' ich ihm nicht die Gunst der Musen;

100 Naturen zwei zum Wechseltausch erlesen
Hat nie er so, daß beide Formen schnell
Den Stoff zu ändern je bereit gewesen.
103 Nach solchen Normen sah ich sie verfahren:
Die Schlange theilt' zur Gabel ihren Schweif,
Da seine Fersen fest verbunden waren;
106 Die Füß und Schenkel klebten so zusammen,
Daß schon in Kurzem übrig blieb kein Streif,
Der sichtbar dem Gefüge mocht' entstammen;
109 Und jene Form, die drüben war verschwunden,
Erhielt der Schwanz, als er gespalten war,
Weich ward die Haut, die aud're hart befunden;
112 Die Arme sah ich in die Schultern welchen;
Wie die sich kürzten, fand ich an dem Thier
Ein läng'res Maß die Vorderfüß erreichen;
115 Zu jenem Gliede, das der Mann verstecket,
Ward nun verknüpft der Hinterfüße Paar,
Daß doppelt man am Armen es entdecket.
118 Indeß der Rauch ben Zwei'n die Farb' erneute,
Und auf der einen Seite formt' das Haar,
Und es hinweg nahm auf der andern Seite,
121 Stand Jener auf, und Dieser mußte sinken.
Doch wandten sie den bösen Blick nicht fort,
Der das Gesicht verwandelt durch sein Blinken.
124 Der zog es an die Schläf', der sich erhoben,
Und weil ein Ueberfluß von Stoff war dort,
Entsprang das Ohr der glatten Wange oben;

Was nicht zurückwich, sondern vorn geblieben, 127
Das machte eine Nase mit Geschick,
Die Lippen wurden schwellend aufgetrieben.
Den, welcher lag, sah ich das Maul bewegen, 130
Die Ohren zog er durch den Kopf zurück,
Wie mit dem Fühlhorn es die Schnecken pflegen.
Die Zunge, die nur einfach Worte findet, 133
Und früher schnell dazu war, spaltet sich,
Des Andern Zunge schließt sich — Rauch entschwindet.
Die nun zum Thier geword'ne Menschenseele 136
Entflieht durch's Thal und zischet fürchterlich,
Der And're spuckt und spricht, daß er sie quäle.
Den neuen Rücken wollt' er d'rauf ihr lehren, 139
Und sprach zum Andern: „Wahrlich, Buoso soll
Wie ich am Bauche kriechend Staub verzehren."
So sah ich in dem siebenten Kanale 142
Sich's wandeln; daß vom neuen Stoff er voll,
Entschuldigt mich, daß ich so breit hier male.
Obgleich ich Nebel fühlt' mein Auge drücken, 145
Und mir Bestürzung in die Seele drang,
So konnten Die so schnell sich nicht entrücken,
Daß Puccio ich Sciancato nicht gesehen, 148
Der von den Drei'n, die ich zuerst vom Hang
Erblickt, noch unverwandelt durfte gehen;
Und ob des Andern weint Gaville bang. 5) 151

XXVI. Gesang.

1 Freu' dich, Florenz, denn du bist groß zu preisen,
 Weit über Land und Meer trägt dich der Flug,
 Dein Name schallet in den Höllenkreisen,
4 Fünf fand ich bei den Dieben von den Deinen,
 Mitbürger, was mich mit Beschämung schlug,
 Und du kannst d'rob nicht ehrenvoll erscheinen.
7 Doch wenn wir Morgenträumen glauben können,¹)
 So wird dein Ohr bald von der Kunde voll
 Des Wehs, das Prato dir und And're gönnen.²)
10 Zu früh nicht wär's, müßt' ich's schon jetzt erfahren;
 Wär' es vorbei, da es doch kommen soll,
 Denn mehr betrübt es mich bei höhern Jahren!
13 Wir gingen fort, zur Höhe zu gelangen;
 Den Stufenweg, wo wir hinab gestrebt,
 Stieg auf mein Führer, ich kam nachgegangen:
16 Und auf dem öden Pfad, der an den Wänden
 Sich zwischen Felsenzacken hier erhebt,
 Hieß es den Füßen helfen mit den Händen,

Da tränkte mich, und muß auf's neu' mich tränken 19
Was dort ich sah, richt' ich darauf den Sinn,
Und mehr im Zaum' such ich den Geist zu lenken,
Daß ihn nur Tugend in Bewegung setze, 22
Und was durch Gott und meinen Stern ich bin,
Nicht zu dem eig'nen Schaden mich ergetze.
So viel der Landmann, der von seiner Plage 25
Auf einem Hügel ruht, — zur Zeit vom Jahr,
Wo minder uns verhüllt das Licht vom Tage,
Wenn Fliegen Raum den Wassermücken geben, — 28
Leuchtkäfer unten sieht im Thal, und zwar
Vielleicht wo Korn er bauet oder Reben:
So viele Flammen sah im achten Schlunde 31
Erglänzen ich, sobald ich oben stand,
Wo ich hinunter schaute bis zum Grunde;
Und so wie Der, dem Bären Rache schafften, 34
Beim Scheiden des Elias Wagen fand,
Den g'rad zum Himmel auf die Rosse rafften;³)
(Denn nur die Flamme konnte sich ihm zeigen, 37
Als er sich mühte, Jenen nachzuseh'n,
Und Wölkchen glich sie, welche aufwärts steigen,)
So mochte Keine ihren Raub entfallen 40
Von denen, die ich sah im Graben geh'n;
Durch jede ward ein Sünder festgehalten.
So auf der Brücke, um hinabzuschauen, 43
Stand aufrecht ich, daß, wenn kein Block mir nah',
Ich ohne Stoß gestürzt wär' in das Grauen.

46 Der Führer sagte, merkend mein Bestreben:
„Verhüllt sind Geister in den Flammen da,
Vom eig'nen Brand mit einem Kleid umgeben."

49 Ich sprach: „Was ich dich, Meister, höre sagen,
Macht sicher mich; doch hatt' ich schon gemeint,
Daß es so sei, und wollte dich d'rum fragen.

52 Wer ist im Feuer, das getheilt sich reget,
So daß vom Holzstoß es zu kommen scheint,
Wo man die Bruderleichen hingeleget?"⁴)

55 Und er: „Es leiden drinn die Qual der Flammen
Ulyß mit Diomed, und wie zuvor
Zum Zorne, geh'n zur Strafe sie zusammen.

58 Und eingeschlossen müssen sie erbangen
Ob jenem Pferde, welches ward zum Thor,
Von dem der edle Samen ausgegangen."⁵)

61 „Sofern sie reden in der Gluten Mitte
Noch können, fleh' ich," ward von mir gesagt,
„Und tausendfach laß gelten dir die Bitte:

64 Es sei die Gunst zu warten mir erzeiget,
Bis die gehörnte Flamme nahet sich,
Sieh', wie der heiße Wunsch nach ihr mich neiget."

67 Und er zu mir: „Weil ich die Bitte preise
Als lobenswerth, darum gewähre ich;
Doch deine Zunge bleibe im Geleise;

70 Laß sprechen mich; denn wohl konnt' ich gewahren
Was du verlangst; sie dürften deinem Wort
Sich spröd' erweisen, weil sie Griechen waren."

XXVI. Gesang.

Und als die Flammen nun dahin gekommen, 73
Wo schicklich fand der Führer Zeit und Ort,
Warb seine Rede so von mir vernommen:
„O ihr, die Zwei ihr seid in Einem Feuer, 76
Hab' ich es je verdient um euch, habt ihr
Viel oder wenig mich gehalten theuer,
Als ich die hohen Verse schrieb auf Erden, 79
Hebt euch nicht weg, und Einer künde mir,
Wo er den Tod fand in der Fahrt Beschwerden."
Der alten Flamme größ'res Horn bewegte 82
Mit murmelndem Gekniſter jetzo sich,
Wie wenn ein Hauch des Windes sie erregte,
Und dann die Spitze führend hin und wieder, 85
Daß einer Zunge sie im Sprechen glich,
Sandt' also eine Stimme sie hernieder:
„Als ich von Kirke schied, die mich gefangen 88
Hielt bei Gaëta länger als ein Jahr,
Eh' Jenes seinen Namen noch empfangen,⁶)
Da konnt' mich Elternlust, noch Kindesliebe, 91
Die ich dem greisen Vater schuldig war,
Noch konnten selbst des Gatten heil'ge Triebe
In mir den Drang der Sehnsucht überwinden, 94
Den ich empfand zu schau'n die ganze Welt,
Und Menschenlaster, Menschenwerth zu finden.
Ich wagte auf das Meer, das off'ne, weite 97
Mich nur mit Einem Schiffe und geſellt
Der kleinen Schaar, die stets mir blieb Geleite.⁷)

100 Bis Spanien und Marokko konnte spähen
Und bis zum Sardeninselland mein Blick,
Und auch die andern Inseln konnt' ich sehen.
103 Wir kamen, matt von langer Irrfahrt Streichen
Und all zur Meeresenge, wo zurück
Einst Herkules ließ seine Warnungszeichen,
106 Um zu der Heimkehr Schiffenden zu winken;⁶)
Sevilla ließ zur rechten Hand ich mir,
Gelassen hatt' ich Ceuta schon zur Linken.
109 „O Brüder," sagt' ich, „da in meiner Sache
Gefahren trotzend so weit westlich ihr
Gedrungen seid; der kurzen Abendwache,
112 Die euch noch übrig bleibt von euern Sinnen,
Vergönnet, nach dem Lauf vom Sonnenlicht
Vom wüsten Lande Kunde zu gewinnen.
115 Zu euerm Ursprung wollt den Blick erheben,
Geboren seid zu Thieresart ihr nicht,
Nein, Wissenschaft und Tugend zu erstreben."
118 In den Gefährten hatte Lust erwecket
Die kurze Rede also zu dem Zug,
Daß ich sie dann kaum hätte abgeschrecket.
121 Und als das Hinterschiff gewandt die Leute
Nach Ost, ward Schwinge zu dem tollen Flug
Das Ruder, steuerab nach der linken Seite.
124 Und zu des andern Poles Sternenheere
Auf blickten in den Nächten wir, dieweil
Der unsre kaum sich hob über dem Meere;

Fünfmal entbrannt und wiederum verglommen
War schon das Licht vom untern Mondestheil,
Seit in die hohe Straße wir gekommen,
Als uns ein Berg erschien, im Nebelgrauen
Durch die Entfernung, und er kam mir vor
So hoch, wie nie ich einen konnte schauen.*)
Wir freuten uns; doch ward die Lust zu Klagen;
Es stieg ein Sturm vom neuen Land empor,
An uns'res Schiffes vordern Bord zu schlagen;
Dreimal ließ dreh'n er's mit den Fluten allen,
Dann hob das hint're Bord er himmelan
Und ließ nach höherm Spruch das vord're fallen,
Bis über uns sich schloß der Ocean."

XXVII. Gesang.

1 Es stand die Flamme aufrecht schon und stille,
Weil sie nichts weiter sagte, und sie schied
Von uns, da es des süßen Dichters Wille,
4 Als eine, die sich hinter ihr bewegte,
Zu ihrer Höh' hob unser Augenlid
Durch einen wirren Ton, den sie erregte.
7 Gleich wie Siciliens Stier, der im Geheule
Zuerst durch Den ertönte (billig zwar),
Der ihn geformet hatte mit der Feile, [1])
10 So brüllte mit des schwer Geplagten Stimme,
Daß, ob er gleich von Erz gebildet war,
Durchbohrt er schien von seiner Qualen Grimme;
13 So, weil sie nirgends fanden eine Pforte,
Verwandelten sich gleich vom Anbeginn
In Feuerssprache die betrübten Worte;
16 Nachdem sie aber ihren Weg genommen,
Den Schwung verbreitend durch den Gipfel hin,
Den von der Zunge sie bereits bekommen,

Da hörten wir: „O du, an den sich wendet 19
Mein Wort, du, der du sprachst lombardisch jetzt,
Und sagtest: „Geh', mein Fragen ist geendet,"
Obgleich ich etwas spät hieher gelanget, 22
Bleib' doch, und sprich, sei nicht dadurch verletzt;
Bin ich's ja nicht, denn in der Glut doch banget.
Wenn in die blinde Welt vor wenig Tagen 25
Du fielst vom süßen Latium, wo ich noch
Beim Scheiden alle Schuld mit mir getragen,
Sprich, ob Romagna Frieden, Krieg gefnnden; 28
Vom Berg zwischen Urbino und dem Joch²)
War ich, aus dem die Tiber sich entwunden."
Ich stand noch unten lauschend noch geneiget, 31
Da sprach mein Führer, mich berührend: „Sprich,
Weil als Lateiner er sich dir gezeiget."
Da ich mit Antwort mich bereits versehen, 34
Sagt' ohne weit'res Zögern also ich:
„Geist, der du mußt verhüllt dort unten gehen,
Romagna's Land lebt in den Herzen seiner 37
Tyrannen in beständ'gen Kriegen fort,
Doch ausgebrochen war jetzt eben keiner.
Ravenna steht, wie's schon stand viele Jahre, 40
Der Adler von Polenta brütet dort,
Und decket Cervia mit dem Flügelpaare;³)
Die Stadt, die lang geprüfet warf darnieder 43
Die Franken in dem blutigen Gefecht,
Ist jetzt unter den grünen Tatzen wieder.⁴)

46 Beruchlos neue Dogge sammt der alten,
Die mit Montagna einst verfuhren schlecht,
Zerreißen mit den Zähnen wo sie schalten.
49 Wo der Lamone, der Santerno rauschet,
Ist unter'm jungen Löwen man geschmiegt,
Aus welßem Nest, der stets Partei vertauschet.⁵)
52 Die Stadt, benetzet an des Savio Strande,
Lebt, wie sie zwischen Berg und Fläche liegt,
Auch zwischen Tyrannei und freiem Stande.⁶)
55 Nun künd' uns, wer du warst, ich bitt' und flehe,
Erzeige härter nicht als And're dich,
So wahr dein Name in der Welt bestehe!"
58 Nachdem das Feuer erst nach seinem Brauche
Etwas geheult, bewegt' die Spitze sich
Dahin, dorthin, und sandte solche Hauche:
61 "Glaubt' ich, an Einen, der zu Erdenwegen
Je wiederkehre, richte sich mein Wort,
So würde diese Flamme sich nicht regen;
64 Weil aber Keiner noch zurück ins Leben,
Sofern ich recht vernahm, von hier ging fort,
Fürcht' ich nicht Schmach und kann Bericht dir geben;
67 Ich war ein Krieger, trat dann in den Orden⁷)
Des heil'gen Franz; genug zu thun im Strick
Glaubt' ich; der Glaube wär' erfüllet worden,
70 Wenn nicht der hohe Priester war, verfluchet⁸)
Sei er dafür mit jedem Misgeschick!
Vernimm, wie und warum er mich versuchet;

XXVII. Gesang.

Als ich noch war von Fleisch und Bein gestaltet 73
Aus meiner Mutter Leib, hab' ich allein
Des Fuchses Art, nicht Löwensinn entfaltet;
Die Schlich' und Pfade, heimlich und verschlungen, 76
Kannt' alle ich und lenkte sie so fein,
Daß bis an's End der Welt der Ruf gedrungen.
Doch als ich jenen Theil bereits erreichet 79
Vom Alter, wo es Jeglichem Gewinn,
Wenn ein die Tau' er zieht, die Segel streichet,
Verwarf ich Das, was früher ich erkoren; 82
Bekennend, reuig gab ich Gott mich hin;
Noch war ich Armer damals nicht verloren.
Der Fürst der neuen Pharisäerscharen 85
Befand sich nah bei Lateran im Krieg,
Wo Saracenen nicht, noch Juden waren;
Denn alle seine Feinde waren Christen, 88
Und Keiner hatte Theil an Acres Sieg,
Noch an dem Handel längs des Sultans Küsten.*)
Das höchste Amt nicht, noch die heil'gen Weihen 91
Zog er an sich, noch jenen Strick zu Rath
An mir, der uns zur Buße soll gedeihen.
Wie Konstantin, vom Aussatz zu genesen, 94
Einst auf Soractes Berg Sylvester bat[10])
So bat mich Der, als wär' ich Arzt gewesen,
Zu stillen seines Hochmuthfiebers Hitze: 97
Als er mich fragte, da verstummte ich,
Mir schien sein Wort erzeugt vom Aberwitze.

100 Dann sagt' er so: „Es darf dein Herz nicht zagen,
Für jetzt sprech ich dich los, belehre mich,
Wie ich Präneste möge niederschlagen.¹¹)
103 Ich kann den Himmel öffnen und verschließen,
Wie du es weißt, es sind der Schlüssel zwei,
Die einen Frühern schienen zu verdrießen."¹²)
106 Durch den gewicht'gen Spruch ward ich gepeinigt,
Ich hielt dafür, daß Schweigen schlimmer sei,
Und sprach: „Vernimm, dieweil dein Wort mich reinigt
109 Von jener Schuld, zu der es mich verführet;
Versprechen lang und Halten kurz darnach,
So wird auf hohem Sitze triumphiret" —
112 Franziscus wollte mich, als ich gestorben,
Abholen, doch ein schwarzer Cherub sprach:
„Trag' ihn nicht weg; ich hab' in mir erworben;
115 Er muß hinab zu meinen Sklavenschaaren.
Seit er den Rathschlag gab, an Trug so reich,
Hab' ich ihn stets gehalten bei den Haaren.
118 Lossprechen kann man ohne Reue nimmer,
Und wollen und bereuen nicht zugleich,
Weil es der Widerspruch verbietet immer."
121 Ich Armer, weh! wie ward ich aufgerüttelt,
Als Jener rief: „Kann Logik ich genug?"
Nachdem er mich gepacket und geschüttelt;
124 Zu Minos bracht' er mich, der wuthzerrissen
Achtmal um seinen harten Rücken schlug
Den Schweif, und sprach, da er hinein gebissen:

XXVII. Orlang.

„Dem ziemt's, daß er als Raub des Feuers leibe," 127
D'rum bin verloren ich an diesem Ort,
Und wandle jammervoll in solchem Kleide."
Als sich die Rede so beschlossen zeigte, 130
Da zog die Flamme wehellagend fort,
Indem die Spitze hin und her sich neigte.
Wir Beide waren weiter schon gegangen, 133
Das Riff empor bis zu dem Bogen hin,
Der deckt den Schlund, wo schweren Lohn empfangen
Die Unruhstifter mit dem bösen Sinn. 136

XXVIII. Gesang.

1 Wer könnte selbst im ungebund'nen Worte
  Von all den Wunden sagen und vom Blut,
  Versucht' er's mehrmals auch an diesem Orte?

4 Wohl keine Zunge möchte dieß vollbringen;
  Denn Sprache und Gedächtniß sind nicht gut
  Genug zur Fassung von so grausen Dingen.

7 Wenn sich die ganze Volksschar vereinte,
  Die ehmals im verhängnißvollen Land
  Apulien das vergoss'ne Blut beweinte

10 Im großen Römerkrieg vor vielen Jahren,
   Wo man an Ringen solche Beute fand,
   Wie Livius Blätter richtig aufbewahren; ¹)

13 Mit jener, die geschlagen Schmerz gefühlet
   Durch Robert Guiscard in der Gegenwehr, ²)
   Und der, von der man auf noch Knochen wühlet,

16 Bei Ceperano, wo man falsch erfunden ³)
   Die Puglier; dann mit Tagliacozzo's Heer,
   Vom alten Alard kampflos überwunden; ⁴)

Und Der verstümmelt, Der durchbohrt die Glieder 19
Vorwiese, käm's nicht gleich dem ekeln Schwarm,
Der in den neunten Schlund gesunken nieder;
Kein Faß, an dem die Reif' und Dauben weichen, 22
Zerspringt wie Der, den ich in solchem Harm
Zerrissen sah vom Kinn bis zu den Weichen.
Es hingen die Gedärme an den Beinen, 25
Das Herz und auch den schnöden Sack, der Koth
Aus dem Verschlungnen macht, sah man erscheinen.⁶)
Da ich in seinem Anschau'n mich verbissen, 28
Sah er mich an; darauf geöffnet bot
Die Brust er mir, und sprach: „Sieh hier zerrissen,
Verstümmelt an des Mohameb Gestaltung, 31
Und Ali muß vor mir wehklagend geh'n,
Sieh bis zum Scheitel im Gesicht die Spaltung!
Und alle Andern, die man hier erblicket, 34
Sie pflegten in dem Leben auszusä'n
Verworr'ne Trennung; d'rum sind sie zerstücket.
Ein Teufel kommt uns nach, der uns zersetzet, 37
Da grausam mit der Schneide von dem Schwert
Er Jeglichen aus diesem Schwarm verletzet,
So oft die Schmerzenstraße wir durcheilet; 40
Denn eh' zurück zu ihm noch Einer kehrt,
Sind seine Wunden sämmtlich schon gehellet.
Doch wer ist's dort, der auf dem Riffe gaffet, 43
Wohl zu verzögern noch den Gang zur Pein,
Die seine Schuld zusammen ihm geraffet?"

46 „Nicht traf ihn schon der Tod, noch führt ihn Sünde
Her," sprach der Meister „um gequält zu sein;
Nur daß vollkommen er Erfahrung finde,

49 Muß ich, ein Todter, ihn von Kreis zu Kreise
Geleiten hin durch diese Höllennacht,
Und so bericht' ich dir wahrhafter Weise."

52 Und mehr als Hundert blieben, sich zu welben
An meinem Anblick, stehen in dem Schacht,
Vergessend vor Erstaunen ihrer Leiden.

55 „Nun sag' dem Fra Dolcin sich zu versehen
(Du, der vielleicht bu bald erschaust das Licht,)
Will er nicht auch hieher in Kurzem gehen,

58 Mit Lebensmitteln, daß Navara's Herre
Der Berge Schnee den Sieg verschaffe nicht,
Der sonst wohl schwer nur zu erringen wäre." *)

61 Indem er einen Fuß, um fortzuwandern,
Erhob, gab Mahomed mir dieses kund,
Ihn niedersetzend folgt' er dann den Andern.

64 Und Einer, dem die Kehle war durchstochen,
Gestutzt die Nase bis zur Stirne, und
Dem ein's der Ohren schon war abgebrochen,

67 Und der verwundert mich mit den Genossen
Betrachtet, that zuerst den Schlund nun auf,
Mit Blute ganz von außen übergossen,

70 „O bu, an dem nicht Sünde wird gerüget,"
Er sprach's, „und ben ich sah im Lebenslauf,
Wenn zu viel Aehnlichkeit mich nicht betrüget;

An Pier von Medicina wolle denken,⁷)   73
Kehrst du zum süßen Land, das von Vercell'
Man sieht herab nach Marcabò sich senken,⁸)
Und laß von Fano die zwei Besten wissen,   76
Den Meister Guido und den Angiolell',
Daß, wenn der Zukunft Kunde wir nicht missen,
Aus ihren Schiffen sie geworfen werden   79
Und bei Cattolica ertränkt im Meer
Durch den Verrath des Schändlichsten auf Erden.⁹)
Nie zwischen Cypern und Majorca schaute   82
Neptun noch eine Gräuelthat so schwer;
So that noch kein Pirat, kein Argonaute.¹⁰)
Der Wütherich, auf Einem Aug' erblindet,¹¹)   85
Der jene Stadt beherrscht, die nie geseh'n
Der haben möchte, den bei mir man findet,¹²)
Wird heimlich zum Gespräch sie lassen kommen,   88
Und so dann thun, daß kein Gelübd' und Fleh'n
Von ihnen bei Focara wird vernommen."
Und ich: „Wer Jener ist, dieß woll' mir sagen, 91
Wenn oben ich berichten soll von dir,
Der Leid ob dem, was er geschaut, muß tragen."
Und auf den Backen eines Schmerzgenossen   94
Legt' er die Hand, und rief: „Der ist es hier,
Dem Sprache fehlt," (als er ihm aufgeschlossen
Den Mund,) „verbannet machte er ein Ende   97
Des Cäsar's Zweifeln, sprechend, daß Verzug
Dem Kampfbereiten sich zum Schaden wende."

100 O, wie bestürzt schien er und wie gebrochen,
Da seiner Zunge Wurzel nur er trug,
Curio, der so verwegen einst gesprochen. ¹⁴)
103 Und Einer, welcher ohne Hände streckte
In dunkler Luft empor die Stumpfe, bat,
Indeß sein Blut das Angesicht bedeckte:
106 „Erinn're dich auch an des Mosca Namen,
Ich sprach, (weh' mir!): „Erst nach der That den Rath,"
So streut' in Tusciens Land ich bösen Samen."
109 Ich fügte bei: „Und Tod auch für die Deinen." ¹⁵)
Und er ging, Schmerz auf Schmerzen häufend, fort,
Gleich Tollen, welche in Verzweiflung weinen.
112 Ich aber blieb, den Schwarm noch anzuschauen,
Und sah Etwas, das ich allein dem Wort
So unverbürgt nicht wagte zu vertrauen,
115 Wenn nicht Gewissen Sicherheit mir wäre,
Das wackere Geleit, das mit dem Schild
Den Mann beschützt der unbefleckten Ehre.
118 Ich sah fürwahr, und glaube noch zu sehen
Jetzt, eines Rumpfes kopfberaubt' Gebild,
Mit Andern von der Jammerherde gehen.
121 Den abgehau'nen Kopf hielt an den Haaren,
Laternen gleich er schwebend in der Hand,
Und sprach uns sehend: „Weh' hab' ich erfahren."
124 Sich selber machte er für sich zum Lichte,
In Zweien Einen, und in Einem fand
Man Zwei; wie's möglich, was ich hier berichte,

Weiß Gott allein. Als er am Fuß der Brücke, 127
Erhob den Arm er mit dem Haupt zugleich,
Daß es im Reden so uns näher rücke,
Und sprach: „Du kannst die schwere Pein hier schauen, 130
Du, der du athmend siehst das Todtenreich;
Ob eine dir wohl wecket größ'res Grauen?
Und daß von mir du Kunde mögest sagen, 133
Vernimm, daß Bertram ich von Bornio bin;
Dem jungen König rieth im schlimmen Wagen
Ich, seinem Vater sich zu widersetzen, [16]) 136
Wie einst Achitophel des David Sinn
Und Absalons bestrebt war aufzuhetzen. [17])
Weil ich so eng' Verbundene gespalten, 139
So trag' ich, wehl mein Hirn getrennet hier
Von seinem Quell, in diesem Strunk enthalten, [18])
So zeigt sich das Vergeltungsrecht an mir." 142

XXIX. Gesang.

1 Was ich an Volk und Wunden sah erscheinen,
Es hatte trunken so mein Aug' gemacht,
Daß es begierig war sich auszuweinen.
4 Doch sagte mir Virgil: „Was soll dieß Schauen?
Was hat so zur Vertiefung dich gebracht
In der verstümmelten Gestalten Grauen?
7 In andern Schlünden sah ich nicht dich weilen,
Willst du sie zählen, so bedenke doch,
Daß dieses Rund mißt zwei und zwanzig Meilen.
10 Schon ist der Mond ja unter unsern Füßen,¹)
Nur wenig Zeit ist jetzt uns übrig noch,
Und Und'res, wahrlich! wirst du sehen müssen."
13 „Wenn du," so sprach ich d'rauf, „den Grund beachtet,
Weshalb ich schaute, hätt'st du läng're Zeit
Vielleicht gestattet, daß ich sie betrachtet."
16 Der Führer ging, ich folgte seinem Schritte,
Und hielt die weit're Antwort schon bereit,
Indem ich sprach: „In dieser Höhle Mitte,

In die so ſtarr hinunter ich geſehen, 19
Beweint ein Geiſt, ich glaub' von meinem Blut,
Die Schuld, die hier ſo theuer kommt zu ſtehen."
„Von nun an," waren meines Meiſters Worte, 22
„Soll er nicht ſtören deinen freien Muth;
Auf And'res merk'; er bleib' an ſeinem Orte.
Denn an der Brücke Fuß konnt' ich erkennen, 25
Wie drohend er den Finger hob nach dir,
Und hörte ihn Geri del Bello nennen;²),
Es hatte deine Sinne ſo gefangen 28
Von Hautefort der Gebieter, daß du hier³)
Nicht hinſahſt, ſo iſt Jener weggegangen."
„Mein Führer, daß der Tod, der ihn ereilet 31
Gewaltſam hat, noch keine Rache fand
Durch Einen," ſagt' ich, „der die Schmach getheilet,⁴)
Dieß hat ihn, glaub' ich, ſo zum Zorn beweget, 34
Daß ohn' ein Wort zu ſagen er verſchwand;
Dadurch hat er mein Mitleid mehr erreget."
So ſprachen wir zuſammen an der Stelle, 37
Wo von dem Felſen aus das and're Thal
Sich völlig zeigte, wär' es mehr nur helle;
Und als wir ob der letzten Klauſe waren 40
Von Uebelſchlünden, daß mit einem Mal
Vor'm Blick erſchienen ihre Brüderſchaaren,
Da hört' ich Jammertöne zu mir ſenden, 43
Mit Mitleidspfeilen dringend in die Bruſt,
Daß ich die Ohren deckte mit den Händen.

46 Wie wenn aus Krankenhäusern Wehklagen
Von Valdichian' im Juli und August,
Und wenn Maremma's und Sardiniens Plagen
49 In eine Gruft zusammen sänken nieder,
So war es hier, und solcher Stank stieg auf,
Wie eiternd ihn verbreiten faule Glieder.
52 Wir kommen nun hinab die letzte Brücke
Vom langen Felsen; links blieb unser Lauf;
Mit größ'rer Schärfe drangen meine Blicke
55 Zum Grund, wo von dem hohen Herrn getrieben
Die Magd Gerechtigkeit, die niemals fehlt,
Die Sünder straft, die hier sie eingeschrieben.
58 Ich glaube nicht, daß größern Gram enthüllte
Das Volk, das in Aegina ward gequält
Von Siechthum durch die Luft, die Gift erfüllte,⁵) —
61 Da die Lebend'gen bis zum Wurme starben,
Und b'rauf wie es erzählt der Dichter Mund,
Die bei den Alten Glauben sich erwarben,
64 Durch Brut der Aemsen sich das Volk ersetzte, —
Als jener Gram war, mit dem in dem Schlund
Der Geisterhaufen Schmachten mich verletzte.
67 Der auf dem Bauche, der lag auf dem Rücken
Von einem andern Kranken, Mancher kroch
Auf allen Vieren hin, um fort zu rücken.
70 Wir blieben stumm im sachten Vorwärtsgehen,
Die Siechen schauend, hörend in dem Loch,
Die keine Kräfte hatten aufzustehen.

Und Zwei, die saßen, sah gestützt ich weilen, 73
Wie Pfann' an Pfanne lehnet an dem Herd,
Vom Kopf zum Fuß bedeckt mit Aussatzbeulen.

Nie ward so schnell ein Striegel noch geführet 76
Von einem Knecht, deff' Dienst der Herr begehrt,
Noch einem, welcher Lust nach Schlaf verspüret,

Wie hier die Beiden selbst sich mußten schinden 79
Mit ihren scharfen Nägeln in der Wuth
Des Juckens, der nicht and're Hülf' zu finden;

Die Krusten rissen ab sie von den Flecken, 82
Wie es das Messer an dem Brassen thut,
Und anderm Fisch, den große Schuppen decken.

„Du, der du mit den Fingern dich zerfetzest," 85
Begann mein Führer nun zu Einem hier,
„Und wie mit Zangen kneipend dich verletzest,

Sprich, ob hier Einer ist von Latiums Leuten, 88
Und zu der großen Arbeit mögen dir
Die Nägel tauglich sein auf ew'ge Zeiten."

„Wir sind Lateiner," weinend ward's gesaget, 91
„Wir Beide, die du schauest so entstellt;
Doch wer bist du, der du nach uns gefraget?"

Der Meister sprach: „Herab als Führer steige 94
Von Kreis zu Kreis mit Dem, der in der Welt
Noch lebet, ich, daß ich die Höll' ihm zeige."

Die Wechselstütze brachen sie bekommen 97
Und wandten sich erbebend nach mir hin
Mit Andern, die's im Wiederhall vernommen.

100 Der drängte sich mir nah, der mich belehret,
Und sagte: „Rede ganz nach deinem Sinn."
Und ich begann, weil er es mir gewähret:
103 „Soll euer Angedenken nicht vergehen
Im Menschengeist in jenem ersten Sein,
Nein, viele Sonnenkreise noch bestehen,
106 Wollt, wer ihr seid, von welchem Stamm entdecken;
Es möge eure schnöde, ekle Pein
Von der Enthüllung euch zurück nicht schrecken."
109 „Ich von Arezzo," hieß es, „hab' erfahren
Durch Albert von Siena Feuertod,
Doch deßhalb kam ich nicht zu diesen Scharen;
112 Wahr ist, daß ich im Scherze einst ihm sagte,
Mich trag' die Luft im Flug auf mein Gebot;
Der Thörichte, den eitle Neugier plagte,⁶)
115 Verlangte diese Kunst durch mich zu kennen,
Und weil zum Dädal' ich ihn machte nicht,⁷)
Ließ er durch seinen Vater mich verbrennen.
118 Doch es verdammte zu dem zehnten Schlunde
Mich ob der Alchymie Minos Gericht,
Des Richters, der stets Wahrheit führt im Munde."
121 Ich sprach zum Meister: Keines Landes Kinder
Sind wie Siena's thöricht von Natur,
Franzosen selber sind gewiß es minder."
124 Der and're Aussatzkranke, der mich hörte,
Gab d'rauf zur Antwort: „Aus nimm Stricca nur,
Den nichts im rechten Maß des Aufwands störte,⁸)

Und Nikolaus, der bei dem Verschwenderbrauche 127
Der köstlichen Gewürz' den Garten fand,
Der duftend war zuerst von solchem Hauche,*)
Und jenen Schwarm, in welchem aufgezehret 130
Hat der Asciano Wein- und Waldesland,
Und Abbagliato seinen Witz bewähret.¹⁰)
Doch daß du wissest, wer dich unterstütze 133
So wider die Sanesen, schärfe deinen Blick,
Auf daß mein Antlitz deinem Wunsche nütze.
Capocchio sieh, den Fälscher der Metalle,¹¹) 136
Du sagst dann, wenn an mich du denkst zurück,
(Täusch' ich mich selber nicht in diesem Falle,)¹²)
„Er hatt' zum Affen der Natur Geschick." 139

XXX. Gesang.

1 Zur Zeit, wo Juno, wild von Zorn erfasset
 Ob Semele's ge'n die Thebaner war,
 Und mehrmals auch verrieth, wie sie gehasset,
4 Ward Athamas von Wahnsinn so berücket,
 Daß, als die Gattin mit der Söhne Paar
 Beladen auf den Armen er erblicket,
7 Er schrie: „Spannt aus die Netze, in die fallen
 Die Löwin soll mit ihrer jungen Brut,
 Dann streckt' er aus die mitleidlosen Krallen,
10 Learch' den Ersten packend wie zum Hohne,
 Und warf an einen Stein ihn in der Wuth,
 Und sie erträukt' sich mit dem andern Sohne.¹)
13 Und als die Schicksalsgöttin warf darnieder
 Der Trojer Hochmuth, der sich selbst vertraut,
 Und von dem Reiche brachen Haupt und Glieder,
16 Stieß Hekuba im Sklaven-Jammer-Bande,
 Nachdem Polyxenen sie todt geschaut
 Und ihren Polydorus an dem Strande

Des Meer's die Schmerzensreiche todt erblickte, 19
Geheul voll Wuth gleich einem Hunde aus,
Weil ihr das Elend so den Sinn verrückte.
Doch sah man nie in Troja oder Theben 22
Noch die Erynnien so wild und graus
Sich wider Menschen oder Thier' erheben,
Wie zwei entblößte bleiche Schatten, Alle 25
Anfallend mit den Zähnen, liefen dort,
Gleich einem Schwein, das rennet aus dem Stalle;
Und zu Capocchio kam, daß er ihn fasse 28
Am Hals, der Eine, schleppte so ihn fort,
Daß er den Bauch sich rieb auf harter Gasse.
Der Aretiner, der voll Angst geweilet, 31
Sprach: „Johann Scicchi ist der Plagegeist,
Der And're zu zerfetzen wüthend eilet."
Ich sagte: „Willst dem Zweiten du entrinnen, 34
So künde auch von ihm mir, wie er heißt,
Gewähre das, noch eh' er zieht von hinnen."
„Die Frevelseele wird umher getrieben 37
Der Myrrha," sprach er, „in der wüth'gen Pein,
Weil sie zum Vater mit verbot'nem Lieben
In sünd'ger Lust so trügerisch gekommen, 40
Dazu erborgend einer Fremden Schein,³)
Wie jener Geist, der geht, es unternommen,
Um des Gestütes Schmuck sich zu erwerben 43
Den Buoso nachzuäffen mit Geschick,
Als machte er sein Testament im Sterben." ⁴)

46 Nachdem die beiden Tollen fortgegangen,
Auf die ich hingewendet meinen Blick,
Zog ihn zu andern Sündern das Verlangen.
49 Und Einer war der Laute gleich gestaltet,
Hätt' ihm ein Schnitt verstutzt die Weichen nur,
Dort, wo der Körper sich des Menschen spaltet;
52 Die schlimme Wassersucht, die so man brechen
Durch bösen Saft das Maß sieht der Natur,
Daß Bauch und Angesicht sich widersprechen,
55 Hielt ihm wie Einem, der der Schwindsucht Beute,
Die Lippen weit geöffnet, daß zum Kinn
Herab er eine zog, empor die zweite.
58 „O ihr, die frei von jeder Pein ihr eilet
(Nicht weiß ich wie) die Jammerpfade hin,"
Er sprach's zu uns, „o höret doch und weilet,
61 Des Meister Adams Elend zu betrachten;
Ich, der im Leben Vieles hatte, muß
Nach einem Tröpflein Wasser jetzo schmachten.
64 Die Bächlein, welche von den grünen Höhen
Des Casentino zieh'n zum Arnofluß,
Wo kühle Lüfte an den Ufern wehen,
67 Sind stets vor meinem Sinn und nicht vergebens;
Mehr als das Uebel, das am Antlitz nagt,
Zehrt noch das Bild des frischen Erdenlebens.
70 Gerechtigkeit, die mich so strenge quälet,
Macht, daß ein Seufzer hier den andern jagt,
Durch jener Gegend Reiz, wo ich gefehlet.

XXX. Gesang.

Dort ist Romena, wo gefälscht der Gulden 73
Mit des Johannes Bilde ward von mir,
Den Feuertod litt ich durch dieß Verschulden.⁵)
Doch, wenn ich schauen könnt' an dieser Stelle 76
Des Guid' und seiner Brüder Seelen hier,
Tauscht' ich den Anblick nicht um Branda's Quelle.⁶)
Die Tollen haben Einen schon gefunden 79
Im Innern, wenn sie wandelnd sprechen wahr,
Doch was hilft's mir, deß' Glieder sind gebunden?
Wenn ich so viel nur könnte weiter kommen, 82
Daß zu dem Zoll ich brauchte hundert Jahr,
So hätt' ich längst schon meinen Weg genommen
Durch diesen Schwarm der mißgeformten Leute, 85
Wenn auch der Schlund eilf Meilen Umkreis hat,
Und mind'stens eine halbe in der Breite.
Durch Jener Schuld bin ich in solchen Plagen, 88
Denn sie verführten mich, mit drei Karat
Legirung die Florini dort zu schlagen."
„Wer sind die Zwei, rechts auf dem Schmerzensbette, 91
Die, wie im Winterfrost die nasse Hand,"
So fragt' ich, „dampfen müssen an der Stätte?"
„Hier traf ich sie, schon damals ohne Regen," 94
Er sprach's, „als ich versank an diesem Raub,
Ich glaube nicht, daß je sie sich bewegen.
Sie gab den Joseph an mit Lügenlüsten; 97
Er ist der Grieche, der bei Troja lag,
Der Sinon, qualmend Beib' in Fieberdünsten."

100 Der Eine, den das höhnische Erdreisten
Mit seinem Namen wohl zum Zorn bewog,
Stieß ihm den Wanst mit einer von den Fäusten,
103 Der einen Ton gab gleich dem Trommelfelle,
Und Meister Adam schlug in's Angesicht,
Mit seinem harten Arm ihn auf der Stelle,
106 Und sprach: „Ward gleich Bewegung mir genommen
Durch meiner Glieder drückendes Gewicht,
So kann der Arm mir doch zu Hülfe kommen!"
109 Und Jener sagte: „Als du gingst entgegen
Dem Feuer, war er nicht so flink dir zwar;
Doch so und mehr noch bei der Münzen Prägen."
112 Der Wassersücht'ge sprach: „Die Wahrheit saget
Hierin dein Mund; doch sprach er minder wahr,
Damals als du bei Troja wardst befraget."
115 „Du logst im Geld," sprach Sinon, „ich im Worte,
Ich Einmal nur, und du nach deinem Brauch,
Noch mehr als jeder Teufel hier am Orte." ⁶)
118 „Um's Pferd, Meineid'ger, frage dein Gewissen,"
So sagte Der mit dem geschwoll'nen Bauch,
„Und bitter sei dir, daß es Alle wissen."
121 „Dir sei's der Durst, von dem die Zunge lebet
Im Mund," sprach Jener, „und der kranke Saft,
Der deinen Bauch zum Bollwerk so erhebet."
124 Der Münzer sagt': „Es berste auf der Stelle
Dein Maul durch deiner schlimmen Worte Kraft;
Denn wenn ich dürst', von bösem Wasser schwelle,

Bringt Hitze dir und Schmerz des Hauptes Schaben; 127
Du lecktest wohl am Spiegel des Narziß,*)
Wenn Einer dich dazu nur wollte laben."

Ich war begierig ganz sie anzuhören, 130
Da sprach der Meister: „Sieh' nur zu, gewiß
Werd' ich mit scharfen Worten bald dich stören."

Als ich im Zorne redend ihn vernommen, 133
Sah ich ihn an mit solcher Scham und Pein,
Daß noch Erinnerung mich macht beklommen.

Gleich Dem, der träumet, daß ihn Schmerz versehre 136
Und träumend wünscht, ein Traum nur mög' es sein,
Was ist, ersehnend, wie wenn nicht es wäre,

Ward jetzo ich, da nicht ich konnte sprechen; 139
Entschuld'gung wünschend, da ich ihrer bar
Mich wähnte, ward Entschuld'gung bloß Gebrechen.

Der Lehrer sagt': „Wohl mind're Reue würde 142
Vertilgen größern Fehl als deiner war,
D'rum wirf nur ab jedweder Trauer Bürde.

Daß ich dir nah, halt fest nur in Gedanken, 145
Wenn je an einen Ort du kommen mußt,
Wo solche Leute mit einander zanken;
Denn ihnen lauschen, zeigt gemeine Lust." 148

XXXI. Gesang.

1 Dieselbe Zunge, die mich erst verletzet,
  Und beide Wangen mir gefärbet roth,
  Sie hat auch Arzenei mir vorgesetzet.
4 So pflegte Bös' und Gutes zu ertheilen
  Der Speer Achilles, und der Wunden Noth,
  Die er geschlagen hatte, selbst zu heilen.¹)
7 Dem Thal des Elends kehrten wir den Rücken,
  Den Damm durchschneidend, der es rings umflicht,
  Um schweigend nach der Tiefe vorzurücken.
10 Beim Dämmerschein, der zwischen Tageshelle
  Und nächt'gem Dunkel schwankt, drang mein Gesicht,
  Nicht weit; doch ward ein Horn auf dieser Stelle,
13 Vergleichbar keinem andern Ton vernommen,
  Das meine Augen ganz nach einem Ort
  Gerichtet hielt, von welchem es gekommen.
16 Nach jener schmerzenvollen Niederlage,
  Die Karols heil'gen Heerbann raffte fort,
  Blies Roland nicht so laut die Jammerklage.²)

Als ich den Kopf ein wenig hin nun kehrte, 19
Wähnt' ich zu seh'n der hohen Thürme viel;
„Was für 'ne Stadt?" zu Dem, der mich belehrte,
Sprach ich's und er: „Weil in den dunkeln Räumen 22
Die Blicke schweifen nach zu weitem Ziel,
D'rum findest Irrthum du in deinen Träumen.
Du wirst, sobald du hinkommst, klar erblicken, 25
Daß nur Entfernung Täuschung brachte dir,
D'rum treib' dich selbst an schneller vorzurücken."
Dann nahm er liebend meine Hand in seine, 28
Und sprach: „Eh' fort wir schreiten, wisse hier,
Damit es minder seltsam später scheine,
Daß du für Thürme Riesen angesehen, 31
Die von dem Nabel abwärts in dem Schacht
Ringsum am Felsenrande alle stehen."
Wie, wenn die dichten Nebelschleier schwinden, 34
Die Blicke das, was durch den Dunst in Nacht
Vordem gehüllet war, allmählich finden,
So, als durch dicke, dunkle Luft der Hölle 37
Ich mehr und mehr zum Rand mich hinbewegt,
Entfloh der Wahn, trat Furcht an dessen Stelle.
Denn wie im runden Umfang seiner Zinnen 40
Montereggion' der Thürme Krone trägt,³)
So war der Kreis, in dem der Schacht liegt brinnen,
Umthürmet mit des halben Leibes Länge 43
Von den Giganten, die, wenn Donner bricht
Hervor, noch drinn vernehmen droh'nde Klänge.⁴)

40 Die Schultern konnt' von Einem ich gewahren,
'Nen großen Theil vom Bauch, Brust und Gesicht,
Die Arme dann, die niederhängend waren.

49 Natur that wohl, daß zu der Menschheit Frommen
Sie solcher Wesen Zeugung eingeschränkt,
Und so dem Mars Vollstrecker weggenommen.

52 Und wenn sie Wallfisch' schafft nach alter Weise
Und Elephanten, wird, wer billig denkt,
Ihr nichts entziehen von der Klugheit Preise;

55 Denn wo sich mit der Stärke darf verbinden,
Und bösem Willen noch ein guter Kopf,
Wo ist da Hülfe für das Volk zu finden? —

58 Sein Antlitz schien von solcher Läng' und Dicke,
Wie auf Sanct Peters Thurm in Rom der Knopf, *)
Der and're Leib zeigt' gleiches Maß dem Blicke.

61 Hielt auch der Wall ihn wie ein Schurz bedecket
Zur halben Höh', so viel doch zeigte sich,
Daß Einer ob dem Andern ausgestrecket,

64 Drei Friesen nicht zu seinen Scheitelhaaren ⁷)
Gereicht; denn dreißig Spannen konnte ich
Bis hin, wo man den Mantel schnallt, gewahren.

67 Es schrie das wilde Maul jetzo hernieder,
„Rafel mai ahmech zabi almi" ⁸)
Und solchem Mund nicht paßten and're Lieder.

70 Mein Führer sprach zu ihm: „Du tolle Seele,
Nur mit dem Horn, mit and'rer Zunge nie
Sprich aus ob Wuth, ob and'rer Trieb dich quäle.

An beinem Hals magst nach der Schnur du greifen, 73
Die es gebunden hält, verworr'ner Geist,
Dann siehst du es die breite Brust umreifen."
Zu mir: „Er führet ob sich selbst Beschwerden, 76
Der Nimrod ist's, sein Anschlag bös und dreist
Trägt Schuld, daß mehr der Sprachen sind auf Erden.⁹)
Laß ihn, ohn' erst umsonst zu reden, stehen, 79
Weil jede Sprache so ihm tönen muß,
Wie Allen seine, die nicht zu verstehen."
Wir fuhren also fort in unserm Wandern, 82
Zur Linken hin, und einen Bogenschuß
Entfernt sah'n wir noch mächt'ger einen Andern.
Ich weiß nicht, wem das Fesseln mochte glücken; 85
Allein umschnüret bot sich vorne bar
Der linke Arm, der rechte auf dem Rücken
Mit einer Kette, die ihn hielt gebunden 88
Vom Hals hinab, daß, was entblößet war
Von seinem Leib, sich fünfmal zeigt' umwunden.
„Den Stolz erprobte er in dem Versuche 91
Die Kraft im Kampf zu üben wider Zeus;"
So sprach mein Führer, „dieß ward ihm zum Fluche.
Ephialtes heißt er, „der mit andern Riesen 94
Die Furcht erweckte in der Götter Kreis,
Die Arme regt' er nicht, die Trotz bewiesen."¹⁰)
„Wenn möglich wollt' ich, daß es so sich schickte," 97
Ich sagt' es, „daß ich Briareus auch
Mit meinen eig'nen Augen hier erblickte."

100 Und er: „Antäus wirst du wohl gewahren,
Der nicht gebunden ist und den Gebrauch
Des Wortes hat, er wird zum Abgrund fahren
103 Mit uns; und Jener, den du möchtest schauen
Weilt unten, ist gefesselt so wie Der, [11])
Und gleicht ihm; doch das Antlitz weckt mehr Grauen."
106 Nie ward ein Thurm mit solcher Macht gerüttelt
Ob auch die Erde bebte noch so schwer,
Wie Ephialtes hier sich selbst geschüttelt.
109 Dem Tode glaubt' ich nah wie nie zu stehen,
Mehr als der Angst beburft' es dazu nicht,
Hätt' ich zugleich die Fesseln nicht gesehen.
112 Und als die Füße weiter uns getragen,
Sah'n wir Antäus, der bis zum Gesicht
Fünf Ellen wohl mocht' aus der Höhlung ragen.
115 „Du, der im Thal, das viel Geschick erfahren,
Und wo berühmt war Scipio durch den Sieg,
Als Hannibal entfloh mit seinen Schaaren,[12])
118 Dir tausend Löwen sonst gewannst als Beute;
Wenn du auch Theil an deiner Brüder Krieg
Genommen hättest, meinen manche Leute,
121 Durch dich wär' Sieg geworden den Genossen.
Uns hinzutragen, dieß gefalle dir,
Wo den Cocyt' der Frost hält eingeschlossen.
124 Sonst müßt' uns Titius, müßt' Typhäus dienen; [13])
Der kann verleih'n was man verlanget hier;
D'rum beuge dich, verzerre nicht die Mienen.

Erneuen kann er deinen Ruhm auf Erden, 127
Er lebt, erwartet noch zu leben lang,
Zieht Gnad' ihn früh nicht aus der Welt Beschwerden."
Der Meister sagt' es; Jener streckt in Eile 130
Die Hand hervor, die mit Herakles rang,
Und packte meinen Führer sonder Weile.
Es sprach Virgil, der sich erfaßt gefunden, 133
Zu mir: „Komm her, ich greife dich;" vereint
Nun war ich fest mit ihm, der mich umwunden.
Wie Carisenda Dem, der unten stehet, 136
Wo er sich neigt, beim Wolkenzug erscheint,
Der seinem Hang entgegen droben gehet,
So schien Antäus mir an dieser Stätte; 139
Als ich gebückt ihn sah, erbebte ich,
So daß 'nen andern Weg ersehnt ich hätte.
Doch leicht hinab zum Grunde, der verschlungen 142
Mit Judas Luzifer, versetzt' er mich;
Gebückt nicht weilt' er, wo er hingedrungen;
Nein, wie der Mast im Schiff erhob er sich. 145

XXXII. Gesang.

1 Nach Reimen hart und rauh muß ich verlangen,
Wie sie für's Schauerloch geziemten sich,
Ob dem die andern Felsen alle hangen.

4 Dann würd' ich vollen Saft dem Wort entpressen;
Doch weil ich nicht sie habe, kann ich mich
Nicht ohne Furcht zu reden hier vermessen.

7 Denn nicht zum Spiele darf man sich erdreisten,
Des Weltalls Grund zu schildern, der voll Grau'n,[1])
Noch kann's die Kinderzunge lallend leisten.

10 Doch jene Hülfe sei dem Sang beschieden,
Die dem Amphion ward, die Stadt zu bau'n,[2])
So daß vom Sinn das Wort nicht sei verschieden. —

13 Der Menschheit Hef', zum schlimmsten Gram erlesen
Am Ort, von dem zu reden schwer, wär't doch
Ihr besser Ziegen oder Schaf' gewesen! —

16 Als wir im Schachte schon voll nächt'ger Schauer,
Tief unter des Giganten Füßen noch,
Und ich im Anseh'n stand der hohen Mauer,

Hört' ich mir sagen: „Acht' auf deinem Gange, 19
Damit dein Fußtritt nicht dem Haupte weh
Der Brüder thue, die hier stecken bange."
D'rum wandt' ich mich, und konnte jetzt erkennen 22
Vor mir und unter'n Füßen einen See,
Der Glas vom Frost, nicht Wasser war zu nennen.
Nie überzog noch mit so dichtem Bande 25
Die Donau ihren Lauf in Oesterreich,
Noch auch der Tanais im kalten Laube,³)
Wie jener; wär' Tabernich auch gefallen⁴) 28
Hinunter, wär's der Pietrapano gleich,⁵)
Doch würd' am Rande selbst kein Krachen schallen.
Und wie die Frösche quakend an den Säumen 31
Der Sümpfe ragen mit dem Maul heraus,
Wenn von der Ernte Schnitterinnen träumen,
So, fahl bis hin, wo Scham sich zeiget, waren 34
Die Schatten zähneknirschend in dem Graus
Von Eis, und klapperten gleich Störcheschaaren.
Hinab hielt Jeder das Gesicht geneiget, 37
Der Frost ward durch den Mund, der Schmerz ward mir
Bei Allen durch die Augen angezeiget.
Erst schaute ich umher unter den Schatten, 40
Und dann hinab, sah so verbunden hier
Zwei, daß die Haupthaar' sich gemischet hatten.
„Wer seid ihr, die ihr Brust an Brust geschoben?" 43
Ich sagt's, die Hälse bogen sie darauf,
Und als zu mir die Blicke sie erhoben,

46 Sah aus dem Aug', erst innen naß, ich fließen
Auf's Lid die Thränen, und erstarrt im Lauf
Verkittend dann die Augen fest verschließen.

49 Nie ward noch Holz mit Holz durch eine Klammer
So stark vereint; d'rum stießen sie gekränkt
Zusammen, Böcken gleich vor Zorn und Jammer.

52 Und Einer, dem die Ohren weggeraffet
Die Kälte hatte, sprach den Blick gesenkt;
„Was stehst du da, so ganz in uns vergaffet?

55 Willst du, wer diese Beiden sind, erfahren,
Vernimm, daß im Bisenziothale sie
Als ihres Vaters Erben waren.*)

58 Ein Leib gebar sie, und du wirst entdecken,
Wenn ganz Kaïna dn durchforscheft, nie
Doch einen Geist, mehr werth im Schlamm zu stecken.

61 Nicht der ist's, dem durchbohrt mit einem Schlage⁷)
Durch Arthurs Hand ward Brust und Schatten; noch
Focaccia;⁸) noch auch Der, deff Haupt vom Tage

64 Mir so viel birgt, daß wenig ich erkenne,
Er hieß Saffol' von Mascheroni; doch
Wenn du ein Tuske, g'nügt's, daß ich ihn nenne.⁹)

67 Daß ich mit Reden nicht mehr sei gepeinigt,
Hör', daß ich Camiccion' von Pazzi bin,
Und den Carlin' erwarte, der mich reinigt," —

70 Dann sah ich Tausend Hundefratzen machen,
Vom Frost verzerrt, daß Schauer mich riß hin,
Und reißen wird, seh' ich gefror'ne Lachen.

Und während ich zum Mittelpunkte strebte, 73
In dem sich eint der ganzen Welt Gewicht,
Und ich im ew'gen Eise selbst erbebte,
Da, ob es höh'rer Will', ob Zufall schickte, 76
Ich weiß nicht, wie es kam, daß auf's Gesicht
Mein Fuß im Wandeln heftig Einen drückte,
Der weinend schalt: „Was trittst du mich mit Füßen? 79
Wenn du nicht kommst zu nehmen Rache mehr
Für Mont' Apert', was machst du so mich büßen?"¹¹)
Und ich: „Mein Meister, wolle hier verweilen, 82
Auf daß mir einen Zweifel löse Der;
Dann laß, so schnell du willst, uns vorwärts eilen."
Ich sprach, als ich den Führer still sah stehen, 85
Zu Dem, der noch dem Wort gesetzt kein Ziel:
„Wer bist du hier, der And're du magst schmähen?"
„Wer bist du selbst, der du hindurch darfst wandern 88
Durch Antenora, und, so daß es viel
Wär', wenn du lebtest," sagt' er, „trittst die Andern?"
„Lebendig bin ich, und du wirst mich lieben," 91
So sprach ich d'rauf „hegst du noch Ruhm Begier;
Denn auch dein Name wird von mir geschrieben."
Er gab zur Antwort: „Heb dich weg; ich trachte 94
Nur nach dem Gegentheil; du weilest mir
Zur Last, und schmeichelst schlecht in diesem Schachte."
Da sagte ich, und faßte ihn beim Schopfe: 97
„Du wirst dich nennen müssen, sonst fürwahr!
Bleibt nicht ein einzig Haar auf deinem Kopfe."

100 Und er zn mir: „Du magst mich raufend schrecken,
Mein Wort macht, wer ich bin, nicht offenbar,
Tritt tausendmal, du wirst es nicht entdecken."
103 Um meine Hand hatt' ich sein Haar gewunden,
Und manches Büschel riß ich so ihm aus;
Gesenkten Blickes bellte er gleich Hunden.
106 „Was hast du, Bocca?" hört' ich Einen fragen,
„Ist Klappern nicht genug, daß du voll Graus
So bebst? Was für ein Teufel mag dich plagen?"
109 „Um's Reden," sagt' ich, „will ich nicht dich quälen,
Verräther, Böser; denn zu deiner Schmach
Will wahre Kunde ich von dir erzählen."
112 Und er: „Nun geh', und schwätze nach Verlangen,
Doch auch von Jenem, der so vorschnell sprach,
Verschweige nichts, bist du hinweggegangen;
115 Ob des Franzosengeld's muß hier er weinen,
Dann kannst du sagen: „Den Duera sah
Ich dort, wo Sünder leiden kalte Peinen." [12])
118 Weil man dich mag um weit're Kunde bitten,
Vernimm, daß Beccheria hier ist nah,
Dem das Collar ward von Florenz durchschnitten. [13])
121 Ich glaub', daß Soldanier' in diesen Tiefen [14])
Mit Ganellon' [15]) und Tribaldello sei,
Der auf Faenza schloß, als Alle schliefen." [16])
124 Wir hatten fortgesetzt schon unser Wandern,
Als ich in einem Eisesloch sah Zwei,
So daß ein Haupt der Hut war von dem andern. [17])

XXXII. Gesang.

Den Obern sah ich so den Untern packen 127
Mit scharfem Zahn, als biß' er dort in Brot,
Wo sich das Hirn verbindet mit dem Nacken.
So wurden Menalippus' Schläf' zerbissen 130
Einst von Thdeus Grimm in letzter Noth,
Wie hier der Schädel ward vom Feind zerrissen.
„Du, dessen Haß von Thiereswuth die Probe 133
Ablegt an Dem, den du verzehrest hier,
Sag' mir warum," bat ich, „und ich gelobe,
Sofern mit Recht du über ihn kannst klagen, 136
Und euern Namen, seine Schuld von dir
Ich weiß, vergelt' ich bir's in künft'gen Tagen,
Wenn Die, mit der ich sprech', nicht dörret mir." 139

XXXIII. Gefang.

1 Den Mund erhob vom grauenvollen Male
Der Sünder, ab ihn trocknend an dem Haar
Des Hinterhaupts, dem er benagt die Schale,
4 Und sagte dann: „Verzweiflungsvolle Trauer
Soll ich erneuen, die mein Herz fürwahr,
Noch eh' ich red', beim Denken drückt mit Schauer.
7 Doch soll aus meines Wortes Saatkorn brechen
Der Schande Frucht für Jenen, den mein Mund
Zermalmet hier, so will ich weinend sprechen.
10 Ich weiß nicht, wer du bist, noch wie gekommen
Hieher; doch gab als Florentiner kund
Dein Wort dich mir, sobald ich es vernommen.
13 Du kannst in mir Graf Ugolino sehen,
Der Erzbischof Roger war dieser Mann; '
Vernimm, weshalb wir so als Nachbarn stehen:
16 Daß durch die Wirkung seiner schlimmen Ränke
Ich, der ihm traute, erst gefangen, dann
Getödtet ward, dieß weißt du, wie ich denke;

Doch, was gewiß noch Keiner dir erzählet, 19
Des Todes grause Weise, künd' ich dir,
Und dann erkennst du, ob er mich gequälet.
Durch kleinen Spalt innwendig in dem Thurme, 22
Den man den Thurm des Hungers nennt nach mir,
Und der zur Haft noch dienet manchem Wurme,
Sah Monde ich verschwinden, sah sie kommen, 25
Als einen bösen Traum ich träumt' voll Weh',
Der mir der Zukunft Schleier weg genommen.
Der hier erschien als Meister, den man ehret, 28
Die Wölf' und Wölflein jagend zu der Höh', ²)
Die den Pisanern Luccas Anblick wehret; ³)
Mit Hunden mager, rasch, wohl eingehetzet, 31
Hatt' den Sismondi er nebst dem Gualand'
Und nebst Lanfranc' zu Führern eingesetzet. ⁴)
Nach kurzem Laufe ließen sich erreichen 34
Ermüdet Söhn' und Vater, und ich fand
Der Hunde Zahn zerreißen ihre Weichen.
Als wach ich ward, noch ehe aufgegangen 37
Der Tag, hört' ich die Söhnlein neben mir,
Da sie noch schliefen, weinend Brot verlangen.
Wohl bist du grausam, schafft's dir nicht schon Peinen, 40
Bedenkst du, was ich ahnt' im Herzen hier,
Und weinst du nicht, was machet sonst dich weinen?
Sie waren wach, es nahte sich die Stunde, 43
Wo täglich unsre Speise ward gebracht,
Und Zweifel war mit unserm Traum im Bunde.

46 Da hörte ich am Schreckensthurm die Pforte
Verschließen — auf die Söhne hatt' ich acht,
Ich sah sie an, doch fand ich keine Worte.

49 Ich weinte nicht; also erstarrt' ich innen,
Sie aber weinten, und mein Anselm sprach:
„Du starrst so, Vater, was doch magst du sinnen?"

52 Doch weint' ich nicht, noch konnt' ich Antwort geben
Den ganzen Tag, noch auch die Nacht darnach,
Bis neu die Sonn' aufging im Erdenleben.

55 Und als ein schwacher Strahl von ihrem Scheine
Eindrang in unf're Schmerzenshaft, und hier
In vier Gesichtern ich erblickt' das meine,

58 Da biß ich mich vor Schmerz in beide Hände,
Und Jene, welche dachten, aus Begier
Nach Speise thät' ich's, standen auf behende

61 Und sagten: „Vater, minder schafft es Leiden,
Wenn du von uns dich nährst, du zogst uns an
Die Jammerhüll', du magst uns auch entkleiden."

64 Still ward ich, daß ihr Gram nicht schlimmer werde,
Wir blieben stumm den Tag, den nächsten dann, —
Was thatest du nicht auf dich, harte Erde!

67 Als wir zum fünften Tage nun gekommen,
Sank Gaddo ausgestreckt zu Füßen mir,
Und sprach: „Kann mir dein Beistand denn nicht frommen,

70 „Mein Vater!" Und er starb. — Wie ich dir sage,
So fielen Dreie nach einander hier,
Inmitten von dem fünft' und sechsten Tage;

Schon blind tappt' ich nach Jedem mit den Händen, 73
Zwei Tage rief nach ihrem Tod ich sie,
Was Schmerz nicht konnte, Hunger mußt's vollenden.⁵)"
Als er's gesagt, packt' er mit scheelem Blicke 76
Den Schädel an mit Zähnen, welche wie
Der Hund in Knochen, bissen in's Genicke.
Weh, Pisa, Fleck der Schmach bist du zu schelten 79
Dort wo das si ertönt im schönen Land!⁶)
Weil deine Nachbar'n träg' sind im Vergelten,
Soll sich Capraja nebst Gorgon' erheben,⁷) 82
Dem Arno an der Mündung eine Wand,
Daß er in dir verschlinge alles Leben!
Wenn sie vom Grafen Ugolin' erzählen, 85
Daß sein Verrath die Schlösser raubte dir,
So solltest du die Söhnlein drob nicht quälen,
Weil an der Jugend schuldlos man erkannte, 88
Du neues Theben, Uguccione hier,⁸)
Brigata und die Zwei, die schon ich nannte. —
Wir kamen weiter fort, um zu erblicken 91
Ein and'res Volk in harter Eisenhaft,
Gebückt nicht, sondern liegend auf dem Rücken.
Die Thränen sind's, die hier zu weinen wehren, 94
Der Schmerz, der an dem Aug' gehemmt wird, schafft
Mehr Qual noch drinn, da er zurück muß kehren;
Verdichtet kann man erst die Tropfen schauen, 97
Und wie Visiere dann kristallen klar,
Erfüllen sie die Höhlung unter'n Brauen.

100 Ob auch, wie wir es sehen an den Schwielen,
Genommen durch den scharfen Frost mir war
Vom Angesicht der Sinn, mit dem wir fühlen,
103 So ward doch etwas Wind von mir empfunden;
D'rum sprach ich; „Meister, wer erregt dieß nur?
Sind denn nicht alle Dünste hier verschwunden?"
106 Er sprach darauf: „Du wirst sogleich dort stehen,
Wo dich das Auge leitet auf die Spur,
Wenn du die Ursach' siehst von diesem Wehen."
109 Der Armen Einer in dem harten Eise
Rief jetzt: „Ihr Seelen, also frevelhaft,
Daß ihr zum Grunde müßt vom letzten Kreise!
112 Nehmt von dem Aug' die Hülle mir, die dichte,
Damit der Schmerz sich etwas Luft verschafft,
Eh' mir die Zähre friert auf dem Gesichte!"
115 D'rauf ich: „Willst Beistand du von mir erfahren,
Sag', wer du bist, und helf' ich nicht dir dann,
So ziemt der Abgrund mir für solch' Gebahren."
118 „Ich bin Alb'rich, der Mönch," hört' ich ihn sagen,
„Der Frucht aus bösem Garten einst gewann,
Dieß hat für Feigen Datteln mir getragen." *)
121 „O," sprach ich, „also bist du auch gestorben?"
„Wie's steht mit meinem Leibe in der Welt,
„Davon," sagt' er, „hab' ich nicht Kund' erworben.
124 Der Vorzug wohnt in Ptolomäas Mitte,
Daß oft hinab die schlimme Seele fällt,
Eh' Atropos sie trifft mit ihrem Schnitte.

Vernimm, damit, zu tilgen vom Gesichte 127
Verglas'te Thränen, mehr du fühlest Drang;
Sobald ein Geist Verrath übt vom Gewichte
Des meinen, wird sein Körper eingenommen 130
Von einem Dämon, der drinn herrscht so lang,
Bis der bestimmte Zeitpunkt ist gekommen;
Die Seele stürzt hinab zum tiefsten Kreise, 133
Vielleicht erscheint auch in Lebend'ger Schaar
Der Leib noch Dess', der hinter mir im Eise.
Dir ward, kommst du erst jetzt, davon wohl Kunde? 136
Es ist Herr Branco d'Oria, manches Jahr
Verstrich, seitdem er steckt in diesem Grunde." [11])
Ich sprach: „Du täuschest mich, wie es mir dünket, 139
Der Branco d'Oria starb noch nicht bisher,
Er schläft und kleidet sich und ißt und trinket."
„Zum Uebeltatzen-Loch," sagt' er entgegen, 142
„Dorthin wo sieden muß der zähe Theer,
War Michel Zanche noch nicht auf den Wegen,
Als sich ein Teufel Jenes Leib erkoren, 145
Den Neffen traf das nämliche Gericht,
Der zum Verrathe sich mit ihm verschworen.
Doch strecke endlich zu mir deine Rechte, 148
Thu' mir die Augen auf." — Ich that es nicht;
Daß man ihn täusche, das verdient der Schlechte. —
Ach Genueser, weit entfernt von Sitte, 151
Ihr, die ihr alle Schmach in euch vereint,
Wärt ihr vertilgt doch aus der Menschheit Mitte!

XXXIII. Gesang.

164 Denn mit Romagnas schnöbeftem Gesellen
Fand Einen ich von euch, der's so gemeint,
Daß seine Seel' in des Cocytus Wellen
167 Ist, da sein Leib lebendig oben scheint.

XXXIV. Gesang.

„Sieh das Panier des Höllenkönigs wehen;¹)
D'rum soll dein Blick vorwärts gerichtet sein,
Ob du," so sprach Virgil, „ihn mögest sehen."
Wie, wenn sich über uns der Nebel leget,
Und auch, wenn nächt'ges Dunkel bricht herein,
Die Mühle scheint, wenn sie der Wind beweget,
Solch' ein Gebäude glaubt' ich zu erblicken,
Und weil vor'm Wind kein and'rer Schirm hier war,
Naht' ich dem Herrn, mich dicht an ihn zu drücken.
Schon war ich dort, (ich sing' es noch erschrecket,)
Wo, wie der Splitter durch das Glas scheint klar,
Durch's Eis die Schatten schienen, ganz bedecket.
Die lagen, And're standen auch hinwieder,
Die auf den Sohlen, die auf dem Gesicht,
Die neigten bogengleich zum Fuß sich nieder.
Als eine Stelle vorn wir eingenommen,
Wo mir mein Herr das Wesen zeigt', das licht
Und schön aus seines Schöpfers Hand gekommen,

19 Stellt' er vor sich mich hin und hieß mich stehen;
„Der Hölle Fürst ist hier, und hier der Ort,
Wo man mit Kraft dich muß gerüstet sehen."
22 Wie starr und stumm ich ward, sollst du nicht fragen,
O Leser, denn zu schwach wär' jedes Wort,
Es auszudrücken; d'rum will nichts ich sagen.
25 Da starb ich nicht, obschon ich auch nicht lebte,
Wenn etwas Sinn du hast, mahl' selbst dir aus,
Wie zwischen Tod und Leben ich da schwebte.
28 Der Kaiser von dem schmerzenvollen Reiche
Ragt' aus dem Eis mit halber Brust heraus;
Ich sage, daß ich mehr 'nem Riesen gleiche,
31 Als seinem Arm der Wuchs glich' eines Riesen,
Nun stelle vor dir, wie das Ganze war,
Das solchem Theil entsprechend sich erwiesen;
34 War einst so schön er, wie er jetzt ist häßlich,
Und trotzte seinem Schöpfer, dann ist's klar,
Daß alles ihm entstammt, was wild und gräßlich.
37 Als großes Wunder ist es mir erschienen
Auf seinem Kopf Geschlcter drei zu seh'n,*)
So roth wie Blut gefärbet eins von ihnen,
40 Und von den zwei'n, die so dabei sich fanden,
Daß ein's auf jeder Schulter kam zu steh'n,
Und sie am Ort des Kammes sich verbanden,
43 War das halb weiß, halb gelb, was rechts gestellet,
Indeß das linke von der Farbe war
Des Volks im Lande, wo der Nil entquellet.

Wie's einem Vogel ziemt, der so gestaltet, 46
Ragt' unter jedem vor ein Flügelpaar,
Groß wie kein Schiff die Segel noch entfaltet,
Sie hatten kein Gefieder, diese Schwingen, 49
So glichen Flügeln sie der Flattermaus;
Dreifachen Wind fühlt' ich aus ihnen bringen,
So daß Cocyt' erstarrt; im Grimmeseifer 52
Entflossen Thränen von sechs Augen aus,
Drei Kinne netzten Zähren, Blut und Geifer.
In jedem Mund zerriß er mit den Zähnen, 55
Wie mit der Breche, einen Bösewicht,
So daß er Drei'n entpreßte Schmerzensthränen.
Es achtet' Der, der vorn, des Bisses Wunden, 58
Verglichen mit dem scharfen Kratzen nicht,
Das ihm die Haut vom Rücken abgeschunden.
„Die Seele, die am meisten Pein muß leiden, 61
Judas Ischariot ist's," ward mir gesagt,
„Die Füße draußen, drinn' der Kopf; die Beiden
Nenn' jetzt ich, die, den Kopf nach unten, hangen; 64
Der dort, der aus der schwarzen Schnauze ragt,
Ist Brutus, krümmend sich im stummen Bangen;*)
Der Zweit' ist Cassius, kräftig anzusehen. 67
Doch wieder steigt die Nacht empor, und fort,
Weil alles wir geschaut, heißt nun es gehen."
Den Hals hielt ich ihm, wie er's wollt, ummunden, 70
Und er ersah sich sorgsam Zeit und Ort,
Und als die Flügel weit geöffnet stunden,

73 Hing fest er sich an die behaarten Seiten;
Dann mußte er hinab von Haar zu Haar
So zwischen Fell und eis'ger Rinde gleiten.

76 Als, wo die Schenkel in den Hüftgelenken
Sich drehen, er dann angekommen war,
Sah ich mit Müh' das Haupt ihn dorthin lenken,

79 Wo erst die Füße standen; an dem Felle
Festhaltend sich, empor ihn klimmen dann,
So daß ich glaubt', zurück müßt' ich zur Hölle.

82 „Halt gut dich an; denn nur auf solcher Stiege,"
Er sprach es keuchend wie ein müder Mann,
„Kommt man hervor aus dieser Schmerzenswiege."

85 Durch eine Höhlung in des Felsens Mitte
Trat er heraus, und setzt' mich auf den Rand,
Dann wandte er zu mir die sichern Schritte.

88 Ich hob die Augen auf, und glaubt' zu sehen
Den Lucifer, so wie er früher stand,
Doch sah nach oben ich die Beine stehen.

91 Und ob Verwirrung da mich macht' bekommen,
Das stumpfe Volk bedenk' es, das nicht recht
Erkennt, durch welchen Punkt wir nun gekommen

94 „Erhebe dich," der Meister war's, der's sagte,
„Der Weg ist lange, und der Pfad ist schlecht,
Die dritte Stund' begann, seitdem es tagte."

97 Der Raum glich wahrlich keinem Fürstensaale,
In dem wir waren, einem Kerkerloch
Mit rauhem Boden, schwachem Sonnenstrahle.

„Eh' ich von diesem Abgrund mich entferne," 100
Ich sprach's, schon aufgestanden, „rede doch
Ein wenig, daß ich Wahn verscheuchen lerne.
Wo ist das Eis? Und Der, wie kommt zu stehen. 103
Er umgestürzt? Wie konnte so geschwind
Die Sonn' vom Abend zu dem Morgen gehen?"
Und er zu mir: „Du magst noch falsch ermessen, 106
Daß jenseits wir vom Mittelpunkte sind,
Wo ich den Wurm faßt', der die Welt zerfressen,
Dort warst du nur bei unserm Abwärtssteigen; 109
Du überschrittst, als umgeschwenkt ich stand,
Den Punkt, nach dem die Schwerkraft sich muß neigen;*)
Die Hemisphäre hast du nun erreichet, 112
Die der entgegen, die vom festen Land
Bedeckt wird und auf deren Höh' erbleichet
Ist Jener, welcher als der Sündenlose 115
Geboren ward und lebte; auf dem Raum
Stehst diesseits du von der Iudecca Schooße.
Hier ist es Morgen, wenn's dort Abendstunde, 118
Und Der, an dessen Haar wir klommen kaum,
Der steckt wie früher in dem tiefen Grunde.
Vom Himmel stürzte hier das Ungeheuer, 121
Die Erde, welche früher ragte hier,
Sie machte sich aus Furcht das Meer zum Schleier,
Und nahm den Weg in unsre Hemisphäre, 124
Und diese Höhe schwang,*) so meinen wir,
Um ihn zu flieh'n, empor sich aus dem Meere." —

127 Ein Ort ist unten, der von Dis entfernet*)
So weit ist, als sich behnt sein Grabesschacht,
Und den kein Aug', das Ohr nur kennen lernet,
130 Weil hier ein Bächlein murmelnd niedersteiget
Durch einen Felsspalt, den es sich gemacht,
Und das gewund'nen Laufs sich wenig neiget.
133 Wir traten ein auf dem verborg'nen Wege
Zur Rückkehr in die klare Welt, und nicht
Ward da gesorgt erst um der Ruhe Pflege;
136 Er klomm voran, und ich, der ihm vertraute,
Ihm nach, bis von dem Himmel mein Gesicht
Durch eine runde Oeffnung Schönes schaute;
139 Hier kamen wir hervor an's Sternenlicht.

Noten zu der Hölle.

I. Gesang.

¹) Im 35. Jahr. Der Dichter verseht seine geheimnißvolle Reise in das Jahr 1800.

²) Die Sonne, welche im Ptolomäischen Systeme für einen Planeten gehalten wurde.

³) So oft er einen festen Stützpunkt gefunden zu haben glaubte, kam er in tiefere Bedrängniß.

⁴) Die drei Thiere, welche dem Dichter begegnen, sind eben so wie der Wald, in dem er sich befunden, im sittlichen und im politisch geschichtlichen Sinne zu verstehen. Im ersteren bedeutet der Wald die Erbennacht der Sünde, der Panther die Wollust, der Löwe den Ehrgeiz, die Wölfin die Habgier. Man darf aber nicht glauben, daß Dante wirklich allen diesen Leidenschaften ergeben gewesen sei. Er will damit nur alle bezeichnen, welche dem Menschen überhaupt drohen, besonders in der Mitte des Lebens, wo die Sinnlichkeit der Jugend noch nicht erloschen ist und die Leidenschaften des reifern Alters erwachen. Er bezeichnet damit das Nämliche, wie der Apostel mit der Lust des Fleisches, der Hoffart des Lebens und der Begierlichkeit der Augen. — Im geschichtlichen Sinne bedeutet der Wald den damaligen politischen Zustand der Welt und insbesondere Italiens, das von den Kämpfen der kaiserlich gesinnten Guelphen und der päpstlich gesinnten Ghibellinen zerrissen war. In Florenz, der Vaterstadt des Dichters, war die Partei der Guelphen mächtig, aber in

sich selbst in die der Weißen, welche im Rufe der Hinneigung zu den Ghibellinen standen, und in die der Schwarzen getheilt. Die Häupter beider wurden von der Regierung verbannt; aber die Feindseligkeiten dauerten fort, und als Einige der verbannten Weißen zurückgekehrt waren, wandten sich die Schwarzen an den Papst Bonifazius VIII. mit der Bitte ihnen die Hülfe Karls von Anjou auszuwirken. Vergeblich widersetzte sich Dante diesem Vorschlag. Karl zog im Herbst 1301 in die Stadt, und suchte dort die Vertreibung der Weißen zu bewirken. Es gelang und Dante wurde zu Anfang des Jahres 1302 verbannt, Anfangs auf zwei Jahre, dann aber auf Lebenszeit. Er hielt sich zuerst in Padua auf, später (1307) bei dem Marchese Malaspina, der ihn gastlich aufnahm. 1308 kam Dante nach Verona, an den Hof der beiden Scaligeri, Alboin und Can della Scala. Auf dem Reichstag zu Speier wurde Kaiser Heinrich der VII. (Heinrich von Luxemburg) von italienischen Abgeordneten zu einer Römerfahrt bewogen. Er zog zu Ende des Jahres 1310 in Mailand ein, wo er im Jänner 1311 mit der lombardischen Krone gekrönt wurde. Die Ghibellinen strömten zu seinen Fahnen herbei. Dante, der für Italien nur Heil unter der Regierung eines Kaisers sah, trat öffentlich gegen Florenz und als Sprecher der Ghibellinen auf. Auch bat er den Kaiser in einem Schreiben seine Waffen gegen Florenz zu kehren. Allein Heinrich fand bald Widerstand; nachdem er sich in Rom hatte krönen lassen, zog er im Herbst 1312 vor Florenz, mußte aber die Belagerung dieser Stadt endlich aufheben, da die heftige Vertheidigung derselben durch den König Robert von Neapel unterstützt wurde.

Heinrich rüstete zu einem neuen Feldzug, starb aber plötzlich am 24. August 1313 in Buon Convento bei Siena. Nun waren alle Hoffnungen Dantes vernichtet. Nach langem Umherirren fand er in Ravenna unter dem Schutze des Guido von Polenta, ein Asyl, wo er am 14. September 1321 im 57. Lebensjahre starb. Seine göttliche Comödie soll er im Camaldulenser-Kloster bi S. Croce bei Gubbio vollendet haben. Darin sprach er seine Ueberzeugung von der Nothwendigkeit der Trennung der geistlichen und weltlichen Gewalt und von dem Unheile, das durch die Vermischung beider über die Welt und insbesondere über Italien gekommen, auf's kräftigste aus. — Nun erst können wir zur politischen Bedeutung der drei Thiere übergehen. Der buntgefleckte, leichtfüßige Panther ist Florenz, die neidische wankelmüthige und leichtsinnige Guelphenstadt; der furchtbare Löwe ist Frankreich, das unter der Regierung der Anjou's seine Herrschaft über Neapel ausdehnte, die Päpste zu unterjochen strebte, und sie in Avignon bewachte, wohin der päpstliche Sitz verlegt worden war; die magere Wölfin endlich bedeutet die Habgier der verweltlichten geistlichen Macht.

⁵) Der Dichter setzt voraus, daß Gott die Welt im Frühlinge erschaffen habe; das Gestirn, von welchem die Rede ist, ist also das Sternbild des Widders, und Dante tritt die Reise nach dem Frühlings-Aequinoctium an.

⁶) Virgil, welcher den Beginn des römischen Reiches besang, das nach Dantes Ueberzeugung von Gott zur Weltherrschaft berufen war, gilt diesem im politischen Sinne als Symbol der wahren Staatskunst und weltlichen Wissenschaft, im moralischen als Symbol der Vernunft. Das lange Schweigen bedeutet sowohl die Zeit vor dem Wiedererwachen der klassischen Wissenschaften im 13. Jahrhundert, als auch das Verstummen der Vernunft in dem von Leidenschaft getrübten Geiste.

⁷) Virgil war vor der Dictatur des Julius Cäsar geboren; doch fing er seine Dichtung erst in den letzten Jahren Cäsars an und vollendete sie unter Augustus, und da ihm, dessen persönliches Fortleben nur eines im Reiche des Todes (im Limbus) ist, blos das Leben für die Nachwelt als Leben erscheint, sagt er: „Doch spät."

⁸) Von Aeneas, welchen die Aeneide als Gründer des römischen Reiches besingt.

⁹) Die Höhe bedeutet im moralischen Sinne den Berg der Tugend, im politischen das römische Kaiserthum, zu welchem Heinrich von Luxenburg neue Hoffnungen erweckt hatte.

¹⁰) Vermuthlich Can bella'Scala, der zwischen Feltro in der Trevisanermark und Monteseltro in der Romagna geboren war.
¹¹) Helden, welche in der Aeneide für Latium starben.
¹²) Beatrix, die Jugendgeliebte des Dichters, welche hier als Symbol der höchsten Weisheit, der Anschauung Gottes, erscheint. — Beatrice Portinari ward von Dante das erste Mal erblickt, als Beide erst neun Jahre alt waren, und machte schon damals einen unauslöschlichen Eindruck auf ihn, der noch verstärkt wurde, als er sie in ihrem jungfräulichen Alter wieder sah. Sie erschien ihm fortan als Ideal der reinsten weiblichen Anmuth und Seelenhoheit; nach ihrem frühen Tode lebte sie in seinem Innersten fort, mitten in den Stürmen der politischen Leidenschaften, gleichwie die Liebe des Göttlichen im Gewirre der Partheien in ihm nicht erlosch. Trotz des energischen Realismus seines willensstarken Karakters blieb sein Geist dem Idealen zugewandt; jene reine, irdische Liebe und die Liebe zum Göttlichen, beide wurden ihm unzertrennlich, und diese erschaute er im Bilde jener. So wurde Beatrix von ihm verherrlicht, wie es nie ein Weib durch die Poesie geworden.

¹³) Gott wird von Dante Kaiser genannt, der Anschauung von der Würde des römischen Kaiserthums gemäß.

¹⁴) Weil die Vernunft sich wider Gottes Gebot empört, kann man nicht durch sie allein zur Anschauung Gottes gelangen; dahin führt nur die göttliche Weisheit, für welche die Vernunft nur vorbereitet.

¹⁵) Die Pforte des Purgatoriums.

II. Gesang.

¹) Aeneas, der nach der Aeneide in die Unterwelt hinabstieg.

²) Vom Stamme der Römer, durch welche das Weltreich gegründet wurde.

³) Dante hat die höchste Ehrfurcht vor der göttlichen Einsetzung des Papstthumes, obgleich er ein Gegner des Mißbräuche ist.

⁴) Die Prophezeiung des Anchises, welche den Aeneas zur Gründung Roms ermuthigte, und dadurch, nach Dantes Anschauung, die Einsetzung des Papstthumes vorbereitete.
⁵) Der hl. Paulus, der in den Himmel verzückt wurde.
⁶) Die tugendhaften Helden weilen zwar im Umkreis der Hölle, jedoch ohne Qualen; sie schweben also zwischen Himmel und Hölle.
⁷) Der Kreis des Mondes, in welchem sich Dante die Erde eingeschlossen denkt.
⁸) Nach dem Ptolomäischen System galt die Erde für den Mittelpunkt des Weltalls; die Hölle aber denkt sich Dante im Mittelpunkte der Erde.
⁹) In der That ist die seligste Jungfrau Maria hier gemeint, symbolisch bedeutet diese Frau die göttliche Erbarmung.
¹⁰) Lucia (von lux Licht) bedeutet die Erleuchtung, welche zunächst zur Selbsterkenntniß und mittelbar zur Anschauung Gottes führt.
¹¹) Rachel bedeutet die Beschaulichkeit, welche mit der himmlischen Weisheit verbunden ist.
¹²) Sie vergleicht die Leidenschaften mit einem Flusse, welcher tobt gleich dem Meere.

III. Gesang.

¹) Die Hölle wurde, wie die Inschrift sagt, von der göttlichen Dreieinigkeit geschaffen, nämlich von der Allmacht des Vaters, der Weisheit des Sohnes und der Liebe des hl. Geistes. — Das erste Lieben heißt es, weil es zu allem Schaffen bewog, und die Liebe schuf auch die Hölle für Jene, welche sich selbst von der Liebe ausschließen.
²) Ewig, nämlich ohne Aufhören. Vor der Hölle waren keine andern Geschöpfe, als die unsterblichen Geister.
³) Die Sünder würden neben diesen Thatlosen stolz auf ihre bösen Werke.
⁴) Papst Coelestin V. entsagte der Papstwürde, um sich in beschauliche Einsamkeit zurückzuziehen. Er that dieß aus wahrer

Demuth und Frömmigkeit und wurde später für heilig erklärt. Allein zu Dantes Zeit hatte die Kirche sich noch nicht über ihn ausgesprochen, und der energische Mann, der überdieß in der Erhebung Bonifazius VIII. ein Unglück für Italien sah, war nicht dazu gemacht, eine solche Abgezogenheit zu ehren.

⁵) Der Dichter sagt: „Besseres Licht," wie früher: „Wo die Sonne schweigt."

⁶) Der Acheron, der freudenlose Fluß an der Gränze der Hölle.

⁷) Das Schiff, welches die Seelen der Geretteten trägt.

⁸) Charon, der Fährmann, welcher die Seelen der Verdammten hinüber schifft.

IV. Gesang.

¹) Das kam — das Klagen kam. —

²) Im Höllensaume — im Limbus.

³) Der Gipfel des Abhanges zwischen dem Limbus und dem ersten Höllenkreise.

⁴) Homer trägt ein Schwert als Symbol der Schlachten, die er besang. Mit ihm sind Horaz, der Satyrendichter, Ovid, der Sänger der Metamorphosen und Lucan.

⁵) Des Dichternamens.

⁶) Die Schule Homers.

⁷) Zu dem Lichte; von welchem im 68. B. die Rede war.

⁸) Damals war Zeit zum Sprechen; jetzt ist Zeit zum Schweigen.

⁹) Die sieben Wände bedeuten entweder die sieben Tugenden, die man ohne Glauben erwerben kann (Klugheit, Mäßigkeit, Gerechtigkeit, Stärke, Einsicht, Wissenschaft und Weisheit) oder die sieben freien Künste (Grammatik, Rhetorik, Dialektik, Arithmetik Geometrie, Musik und Astronomie).

¹⁰) Diese Elektra ist die Tochter des Atlas und Mutter des Dardanus, Gründers von Troja. Deshalb sind die trojanischen

Helden Hektor und Aeneas mit ihr, und weil Aeneas nach der Sage der Gründer Roms war, ist auch Cäsar bei ihnen.

11) Camilla, Tochter des Königs der Volsker, kämpfte in Italien gegen die Trojaner; Penthesilea, die Amazonen-Königin stritt in Asien für Troja.

12) Lucretia, Gemahlin des Collatinus, welche sich, nach dem sie von Sextus Gewalt erlitten, selbst tödtete, und dadurch Anlaß zur Vertreibung der Könige gab. — Julia, Tochter des Cäsar und Gemahlin des Pompejus. — Marcia, Gemahlin des Cato. — Cornelia, Tochter Scipios des Afrikaners und Mutter der Grachen.

13) Sultan Saladin ist allein, weil kein orientalischer Held außer ihm hier ist, und weil er auch in seiner Zeit durch Geistesund Seelengröße allein stand.

14) Aristoteles, welcher zuerst von den gebildeten Mauren in Spanien, und dann von der scholastischen Philosophie des Mittelalters hochgepriesen wurde, und deßhalb hier über Sokrates und Plato gesetzt wird.

15) Thales, von Milet aus der Zahl der sieben Weisen. — Demokrit, welcher lehrte, daß die Welt durch das Zusammenstoßen der Atome entstanden sei.

16) Diogenes, Schöpfer der cynischen Schule. — Anaxagoras, Lehrer des Perikles, war aus Klazomenä.

17) Empedokles, aus Agrigent schrieb ein Gedicht über die Natur der Dinge. — Zeno war der Meister der Stoiker. — Heraklit aus Ephesus schrieb eine Abhandlung über die Natur und wurde der weinende Philosoph genannt, wie Demokrit der lachende.

18) Dioskorides schrieb über die Kräfte der Pflanzen.

19) Orpheus und Linus, die fabelhaften Sänger. —

Marcus Tullius Cicero der große Redner. — Seneca der Philosoph zum Unterschied vom Tragödiendichter. — Einige lesen Livius statt Linus, da der römische Geschichtschreiber besser hieher zu passen scheint. Doch es kommt ja auch Orpheus vor.

20) Euklid, der Geometer, Ptolemäus der Geograph, von dem das ptolemäische Weltsystem den Namen hat.

²¹) Drei Aerzte.
²²) Averoës schrieb eine arabische Uebersetzung des Aristoteles mit einem Kommentar.

V. Gesang.

¹) Minos, der Höllenrichter, bei den Heiden ein Gott, hier ein Teufel.

²) Wie im I. Gesang: „wo die Sonne schweigt."

³) Semiramis wird als Beherrscherin von Babylon die Kaiserin vieler Zungen genannt. Sie soll, um eine unerlaubte Neigung zu ihrem Sohne zu befriedigen, durch ein Gesetz die Ehe zwischen Mutter und Sohn gestattet haben. Die von ihr beherrschten Länder waren im 14. Jahrhundert türkischen und turkischen Sultanen unterworfen.

⁴) Dido, die Wittwe des Sichäus, welche sich aus Liebe zu Aeneas tödtete.

⁵) Kleopatra, welche durch Liebe den später von Octavian überwundenen Antonius beherrschte.

⁶) Helena, um deren Willen Troja zehn Jahre lang belagert wurde.

⁷) Achill, der gegen das Ende seines Lebens von der Liebe zur Polyxena beherrscht wurde.

⁸) Paris und Tristan, zwei Ritter aus König Arthur's Tafelrunde.

⁹) Die Beiden sind Franziska Malatesta und Paul Malatesta, ihr Schwager. Sie war die Tochter des Guido von Polenta, mit Gianciotto Malatesta vermählt und wurde von ihrem Gatten, der sie in verbotener Liebe mit Paul traf, getödtet.

¹⁰) Ravenna war die Geburtsstadt Franziska's. Dort ergießt sich der Po nach einem längern Lauf, in welchem er viele Nebenflüsse empfängt, in's Meer.

¹¹) Hugo Foscolo erzählt, daß Gianciotto, welcher sehr häßlich gewesen, seinen Bruder Paul nach Ravenna geschickt habe, um sich als Stellvertreter mit Franziska trauen zu lassen, und

daß Diese wirklich Paul's Gattin zu sein geglaubt und erst nach der Brautnacht den Betrug entdeckt habe.

¹²) Kaina ist der Ort in der Hölle, welcher die Brudermörder aufnimmt.

¹³) Dieß sagt Boëtius im Buche vom Troste.

¹⁴) Lancelott vom See, ein Ritter der Tafelrunde, welcher die Königin Ginevra liebte, wie in einem nach ihm genannten und im 13. u. 14. Jahrhundert berühmten Roman erzählt wird.

¹⁵) Lächeln (riso) steht hier für Mund.

¹⁶) Galeotto war im Roman der Vermittler zwischen Lancelott und Ginevra; daher wurden die Unterhändler in Liebessachen nach ihm genannt.

VI. Gesang.

¹) Cerberus, bei den Heiden der vielverschlingende Höllenhund mit drei Schlünden, hier ein Teufel.

²) Ciacco bedeutet im florentinischen Dialekt Schwein oder Schlemmer. Dieser Ciacco aus Florenz, der Stadt, deren Bürger von Neid erfüllt sind, erniedrigte sich als Schmarotzer zum Possenreißer.

³) Dante nimmt an, daß die abgeschiedenen Seelen Zukünftiges vorhersehen.

⁴) Die weiße, den Ghibellinen zugeneigte Partei wurde die Waldpartei genannt, nach ihrem Haupte, der Familie der Cerchi, die aus den Wäldern von Val di Sieve gekommen war. Von dieser soll die schwarze, die entschiedene Guelfenpartei, deren Haupt die Familie der Donati war, vertrieben werden. Dieß geschah im Mai 1301.

⁵) Noch vor drei Sonnen, ehe drei Jahre vergehen. Vom März 1300 an, wo die Weißen ganz verjagt wurden, vergingen 25 Monate. — Unter dem, der lauert, kann Karl von Valois oder Bonifacius VIII. gemeint sein; die Prophezie im 20. Gesang des Purgatoriums spricht für Annahme des Ersteren.

*) Dante meint wohl sich selbst und seinen Freund Guido Cavalcanti.

²) Männer von Werth, in Hinsicht ihrer Vaterlandsliebe. Uebrigens werden wir Farinata degli Uberti unter den Ketzern, Tegghiajo Aldibrandini und Jakob Rusticucci unter den Sodomiten, Mosca unter den Unruhstiftern finden. Heinrich (vermuthlich Firsanti, ein Ghibelline) wird nicht mehr genannt.

³) Bei Aristoteles, aus welchem die Scholastik schöpfte.

⁴) Wenn die Verdammten ihren Körper wieder erhalten, werden sie in ihrer Art vollkommner.

¹⁰) Pluto, bei den Heiden der Gott des Reichthums, hier ein Teufel, ist der große Feind der Menschheit, weil die Begierde nach Reichthum zum Verderben führt.

VII. Gesang.

¹) Im Original: „Pape Satan, pape Satan aleppe!" — Ich folge der Auslegung, welche unter pape den lateinischen und griechischen Ausruf der Verwunderung, unter aleppe das hebräische Aleph, Herr oder Oberhaupt, versteht; Pluto drückt also sein Erstaunen über Dante's Hinabsteigen aus, und fordert den Satan, den Fürsten der Teufel, auf, sich demselben zu widersetzen.

²) Der Wolf ist das Sinnbild der Alles verschlingenden Habsucht.

³) Die Geizigen werden mit geschlossener Faust, die Verschwender mit geschor'nem Haar auferstehen. Die Letzteren sind mit den Tonsurirten nicht zu verwechseln.

⁴) Dante nahm an, daß die Himmel von Engeln (himmlischen Intelligenzen, Kräften) geleitet werden.

⁵) Götter, d. h. Engel, geistige Kräfte. Zu diesen rechnet Virgil auch Fortuna, indem er sie gegen Dante vertheidigt, der wie sich aus dem Ausdruck „Klauen" schließen läßt, sie für ein Ungeheuer der Hölle zu halten scheint.

*) Der Styx ist bei den Alten der Höllenfluß des Entsetzens, ärger noch als der Acheron, der nur der Freudenlose ist.

VIII. Gesang.

¹) Ein Teufel gibt dem andern das Signal, daß Seelen sich nahen, damit der Fährmann komme sie abzuholen. Die zwei Flämmchen bedeuten, daß zwei Seelen auf dem Wege sind.

²) Virgil wird als Repräsentant der menschlichen Vernunft und Wissenschaft ein Meer der Einsicht genannt.

³) Phlegias, welcher aus Zorn den Tempel des Apoll verbrannte, führt die Seelen über diesen Sumpf.

⁴) Da Virgil ein Schatte ist, so ist die Umarmung nur bildlich zu verstehen, als Zeichen, daß die Vernunft den gerechten Zorn billigt.

⁵) Dieser Ausbruch wilden Hasses gegen einen persönlichen Feind muß uns mit Unwillen und Bedauern erfüllen.

⁶) Philipp Argenti, aus der adeligen Familie der Cavicciuli-Adimari, welche Dante feindlich war und zur Partei der Schwarzen gehörte, war ein übermäßig zorniger und hochmüthiger Mann. Argenti wurde er genannt, weil er seine Pferde mit Silber beschlagen ließ.

⁷) Im sechsten Kreise, in der untern Hölle, liegt die Höllenstadt Dis, deren Bürger Teufel sind. Hier werden, wie wir bald sehen, die Ketzer und die Epikuräer bestraft, nämlich Alle, welche die Lüge als Lehre verbreiteten.

⁸) Beim Eingangsthor der Hölle, wo sich die Teufel dem auferstandenen Christus bei seiner Höllenfahrt zu widersetzen wagten, wie der Dichter annimmt.

IX. Gesang.

¹) Vom Limbus.
²) Lucan erzählt, daß Erichtho, eine thessalische Zauberin, auf Befehl des Pompejus einen Verstorbenen heraufbeschworen

habe um den Ausgang des Bürgerkrieges zu prophezeien. Dieß geschah zwar 30 Jahre vor Virgil's Tode; allein sie konnte ihn überleben und seinen Geist beschwören, um einen andern aus der untersten Hölle heraufzurufen. Der Grund dieser Fiction ist, Virgil's Bekanntschaft mit der ganzen Hölle zu motiviren.

³) Die Mägde der Höllenkönigin Hekate sind die Erinnyen oder Furien, welche den Verbrecher verfolgen.

⁴) Als Theseus die Proserpina entführen wollte, wurde er so lange in der Hölle gefangen gehalten, bis Herkules ihn befreite.

⁵) Das Gorgonenhaupt der Medusa machte Jeden zum Stein, der es erblickte.

⁶) Das in den Gesichtszügen schöne, aber von Schlangen umringelte Medusenhaupt, das den Betrachter zum Stein erstarren macht, ist dem trügerischen, verlockenden Scheine von Wahrheit in falschen Systemen ähnlich, welcher in Dem, der sich hinein vertieft, das gesunde Leben erstarren läßt.

⁷) Von der Kette, welche ihm Herkules anlegte, dessen vom Schicksal bestimmtem Herabsteigen zur Hölle Cerberus sich widersetzt hatte.

⁸) Bei Arles in der Provence, wo die Rhone Lachen bildet, und bei Pola, nah am Golf Quarnero, der die Küste Istriens bespült, befinden sich viele Grabhügel, von welchen Einige glauben, daß sie Ueberreste aus der Zeit der Römer seien.

X. Gesang.

¹) Dante soll auch in dem Verlangen das Schicksal einiger Epikuräer, die er persönlich kannte, zu erfahren, befriedigt werden.

²) Farinata von der edeln Familie der Uberti war das Haupt der Ghibellinen in Florenz. Bei Mont' Aperti an der Arbia besiegte er die Guelphen in blutiger Schlacht und verjagte sie aus Florenz. Aber als die Ghibellinen den Entschluß faßten, Florenz zu zerstören, widersetzte er sich und rettete so seine Vaterstadt.

*) Dante's Ahnen waren von der Guelphenpartei. Sie wurden zweimal von Farinata überwältigt, unter Friedrich II. und in der Schlacht an der Arbia.

⁴) Die Guelphen wurden 1267 zum letzten Mal aus Florenz vertrieben und kehrten nicht dahin zurück.

⁵) Der Sprechende ist Cavalcante Cavalcanti, Vater des Guido, welcher Philosoph und Dichter und Dante's Freund war.

⁶) Guido studirte den Virgil nicht.

⁷) Die Frau, die in der Hölle regiert, ist Hekate, zugleich Luna, die Mondgöttin. Also: „Es werden nicht fünfzig Monate vergehen, bis du erfährst, wie schwer die Kunst der Rückkehr sei." — Im April 1304 machten die verbannten Weißen, unter welchen Dante war, vergebliche Schritte, um zurückberufen zu werden.

⁸) Von allen zu Gunsten der Ghibellinen gemachten Verordnungen waren die Uberti immer ausgeschlossen.

⁹) Ehmals wurden die Rathsversammlungen in der Kirche gehalten. Die harten Beschlüsse werden von Dante ironisch Gebete genannt.

¹⁰) Vom allgemeinen Gerichte an.

¹¹) Friedrich II. aus dem Hause der Hohenstaufen war gleichgültig gegen die Religion und immer im Kriege mit den Päpsten. — Der Kardinal Ottavian begli Ubaldini war ein so eifriger Ghibelline, daß er sagte: „Wenn ich eine Seele habe, so habe ich sie für die Ghibellinen verloren."

11. Gesang.

¹) Sieh Anhang zu den Noten zum 11. Gesang.

²) Als Mißbrauch der Vernunft und Sprache, während auch die Thiere Gewalt üben.

³) Nicht von den gewöhnlichen Verschwendern, die wir schon im vierten Kreise bestraft sahen, sondern von jenen ist hier die Rede, welche gleichsam wüthend im Spiele oder sonst

ihr Gut wegwarfen, als ob es ihnen zur Last wäre, statt es zu benützen und die erlaubte Freude dankbar zu genießen.

⁴) Im Herzen läugnen oder schmähen die Gotteslästerer, welche hier gezüchtigt werden, die Gottheit, während die Irrlehrer, die wir im sechsten Kreise fanden, dieß mit den Gedanken thaten.

⁵) Cahors war zu Dante's Zeit als Wohnsitz vieler Wucherer berüchtigt. Die Wucherer entehren durch Mißbrauch die Gaben der Natur und lästern daher, so wie die Sodomiten, Gott mittelbar, während die Gottesläugner dieß unmittelbar thun. Deßhalb werden die Wucherer, die Sodomiten und die Gotteslästerer zusammen in dem dritten Zirkel des siebenten Kreises, des ersten der drei untern Höllenkreise gepeinigt. „Versiegelt" heißt es, weil glühende Tropfen auf diese Sünder sollen.

⁶) Da der Betrug immer aus dem Herzen kommt, und daher die früher gemachte Unterscheidung hier nicht stattfinden kann, muß Jedem, welcher ihn übt, sein Gewissen schwere Vorwürfe machen. Diese Auslegung, welche der des Philalethes entspricht, scheint mir die richtige. Denn, wenn Dante, wie die italienische Ausgabe von Bianchi meint, hätte sagen wollen, daß jeder Mensch sich Trug vorzuwerfen habe, würde er den Betrug nicht in der tiefsten Hölle bestrafen lassen.

⁷) Der zweite der drei untersten Höllenkreise ist der achte Kreis der Hölle.

⁸) Die Verräther werden im neunten oder untersten Kreise gequält, im Mittelpunkt der Erde, also, nach dem Ptolemäischen System, des Weltalls. Pluto (Dis) bei den Heiden der Gott der Unterwelt, ist dem Dichter gleichbedeutend mit Luzifer.

⁹) Die Sittenlehre des Aristoteles.

¹⁰) Die in den natürlichen Begierden nach Sinnenlust, Besitz oder Rache, Unmäßigen, werden in den obern Höllenkreisen bestraft, die in thierischer Wuth wider Gott, den Nächsten und sich selbst Gekehrten im sechsten und siebenten Kreise und die der

schlimmsten Bosheit, dem Truge, Ergebenen im achten und neunten. —

¹¹) Auf die Physik des Aristoteles.

¹²) Weil die Kunst von der Natur entspringt, wie die Natur von Gott.

¹³) Von Kunst und Natur durch Benutzung der Naturkräfte nach den Worten der Genesis: „Der Herr setzte den Menschen in's Paradies, damit er es bebaue," und: „Im Schweiße deines Angesichtes sollst du dein Brot essen."

¹⁴) Der Corus ist der Nord-Nord-Westwind, im Orient ponente maggiore genannt. Der bezeichnete Stand der Sternbilder zeigt das Herannahen des Morgens an.

Anhang zum XI. Gesang.

Der berühmte Professor Döllinger verbreitet durch seine Schrift: „Die Papstfabeln des Mittelalters." (Ein Beitrag zur Kirchengeschichte von Joh. Jos. Jg. von Döllinger. München, 1863. Literarisch-artistische Anstalt der J. G. Cotta'schen Buchhandlung) in dem Kapitel: Anastasius II.—Honorius I. (S. 124 bis 150) klares Licht über diesen dunkeln Punkt. Es geht daraus hervor, daß die Meinung der neueren Ausleger, Dante habe den Papst Anastasius mit dem gleichnamigen Kaiser verwechselt falsch ist, und daß Dante den allgemeinen, auf Gratian's Dekret gegründeten Irrthum getheilt hat, der jedoch nicht in der Thatsache, sondern in dem Urtheil über dieselbe lag, welches die Friedensliebe des Papstes als Ketzerei ansah. Es sei mir erlaubt von dem Inhalte des oben genannten Kapitels aus Döllinger's Schrift so viel im möglichst gedrängten Auszug folgen zu lassen, als zum Verständniß der bezüglichen Stelle unseres Dichters nöthig ist:

„Gratian hat eine Stelle des Papstbuches aufgenommen, in der es heißt: Viele hatten sich in Rom von der Gemeinschaft des P. Anastasius getrennt, weil er mit dem Diakon Photin von Thessalonika in kirchliche Kommunion getreten sei und den Acacius wieder zu kirchlicher Ehre zu bringen insgeheim beabsichtigt habe. Dafür habe Gott ihn mit plötzlichen Tode bestraft. — Die Thatsache selbst ist folgende:

„Die byzantinischen Kaiser sahen sich gedrängt, die Partei der Monophysiten mit der Kirche zu versöhnen, und dadurch eine kirchliche und politische Wunde zu heilen. Deßhalb hatte der von dem Patriarchen Acacius zu Konstantinopel berathene Kaiser Zeno das Henotikon erlassen, welches die Autorität und dogmatische Entscheidung des Concils von Chalcedon für eine offene Frage erklärte. Papst Felix II. hatte endlich den Acacius auf einer Synode mit dem Anathem belegt. Dieser blieb zwar in der Lehre katholisch, gab aber die Chalcedonische Synode um des Friedens willen preis, und trat mit allen Monophysiten, welche das Henotikon angenommen, in Kirchengemeinschaft. Acacius hatte fast den ganzen Orient auf seiner Seite und da man in Rom mit Jedem brach, der in der Gemeinschaft des Acacius blieb, war eine 35jährige kirchliche Spaltung zwischen Orient und Occident die Folge. Die Nachfolger des Acacius sollten den Namen desselben als eines im Banne Gestorbenen aus den Kirchenbüchern tilgen; — Jene aber wagten das nicht, weil sie einen Aufruhr fürchteten, und Rom wollte nicht nachgeben. — Die Trennung hatte schon eilf Jahre gewährt als Papst Anastasius den päpstlichen Stuhl bestieg. Ihm lag der Friede mit der Orientalischen Kirche mehr am Herzen als seinen beiden Vorgängern; — er sandte also zwei Bischöfe als Legaten nach Konstantinopel, freilich noch immer darauf bestehend, daß der Name des Acacius nicht mehr am Altar genannt werden dürfe. — Damals kam Photinus nach Rom, der wohl von den Orientalen den Auftrag hatte, den Papst für die Sache der Einigung zu gewinnen. Anastasius ließ ihn, obgleich er nach römischer Ansicht der schismatischen Partei angehörte, zur kirchlichen Gemeinschaft zu und zeigte sich bereit, in der Frage der Namens Erwähnung nachzugeben. In Rom erregte dieß großes Mißfallen, es kam zu einer förmlichen Trennung von Anastasius, und der frühe Tod des Papstes wurde von den Getrennten als providentielle Errettung aus einer großen kirchlichen Gefahr ange sehen. — Im Papstbuche hieß es, Anastasius habe, da ihn der Tod als göttliches Strafgericht ereilt, seine Absicht nicht zu verwirklichen vermocht. Das genügte den Chronisten des 14. und 15. Jahrhunderts nicht; sie trugen die Erzählung von dem plötzlichen Tode des Arius auf Anastasius über. — Dante's Commentatoren im 14. Jarhundert sind ihnen gefolgt. Bei ihnen ist Acacius der Gefährte des Photin und Kanonikus von Thessalonika. Photin aber hat den Papst zur Läugnung der Gottheit Christi verführt. — Gratian war es also hauptsächlich, der das Urtheil des Mittelalters über Anastasius fixirt hat."

XII. Gesang.

¹) Vermuthlich der Bergfall bei Marco, eine Stunde von Roveredo, wo Dante einige Zeit gewohnt haben soll.

²) Der Minotaurus, das Ungeheuer im Labyrinthe zu Kreta, das sich von Menschenfleisch nährte, wurde von Theseus, dem Beherrscher von Athen, getödtet.

³) Von Ariadne, welche dem Theseus einen Faden gab, um sich im Labyrinthe zurecht zu finden.

⁴) Als die Erde beim Tode des Erlösers bebte.

⁵) Nach der Philosophie des Empedokles, welcher meinte, daß die Elemente durch die wechselseitige Liebe zurück zur Einheit aus der Vielheit strebten.

⁶) Nessus wurde, als er Dejaniren entführen wollte, von Herkules mit einem vergifteten Pfeile getödtet, und rächte sich, indem er Dejaniren überredete, ein Gewand in sein Blut zu tauchen, um sich die Treue des Herkules zu sichern. Als Herkules das Gewand anzog, gerieth er in Raserei, in welcher er starb. — Der Centaure Chiron war der Pfleger des Achilles. — Pholus zeichnete sich durch zornige Kühnheit aus.

⁷) Die Centauren hatten nach der Fabel Doppelbrüste, als Menschen und als Pferde und waren ober den Brüsten Menschen, unten Pferde.

⁹) Dionysius, Tyrann von Syrakus. Unter dem Tyrannen Alexander ist wohl nicht der große König von Macedonien, sondern Alexander Phereus, Tyrann von Thessalonien, gemeint.

⁹) Ezelino Romano, der grausame Statthalter Friedrich's II. in der Trevisanermark.

¹⁰) Oblizo von Este, Markgraf von Ferrara und Ancona, ein mächtiger Guelphe, soll von seinem eigenen Sohne getödtet worden sein.

¹¹) Jetzt ist der Centaure Führer, dem auch Birgil folgen muß.

¹²) Guido von Montfort erstach, um seinen Vater, welcher in England zum Tode verurtheilt war, zu rächen, Heinrich, Prinzen von England, in der Kirche zu Viterbo 1270. Das Herz des Prinzen wurde nach London gebracht.

¹³) Attila, der Hunnenkönig im 5. Jahrhundert, wurde die Geißel Gottes genannt.

¹⁴) Pyrrhus, König von Epirus, der Römerfeind. — Der hier genannte Sextus Tarquinius, welcher durch die Entehrung der Lukretia Anlaß zum Sturze des römischen Königthums gab.

¹⁵) Rinier von Corneto an der Meeresküste des Kirchenstaates und Rinier Pazzo aus dem edeln florentinischen Hause der Pazzi waren zwei berüchtigte Räuber.

XIII. Gesang.

¹) Zwischen dem Flusse Cecina, der sich südlich von Livorno in's Meer ergießt und der Stadt Corneto im Kirchenstaate, ist die durch ihre ungesunde Luft berüchtigte Maremma, in deren Didichten Eber und andere wilde Thiere hausen.

²) Die Harpyen prophezeiten auf den strophabischen Inseln das künftige Unheil.

³) Virgil erzählt in der Aeneide, daß Aeneas, als er einen Zweig von einem Strauche brach, die Stimme des Polydor vernahm, der hier begraben war.

⁴) Pietro delle Vigne, Geheimschreiber und Vertrauter des Kaiser Friedrich's II. Übte solchen Einfluß auf denselben, daß der Dichter sagt, er habe beide Schlüssel (zur Milde und zur Strenge) zum Herzen Friedrich's besessen. Dennoch gelang es neidischen Feinden, die Pietro des Verrathes beschuldigten, sich Glauben beim Kaiser zu verschaffen, der den Angeklagten in's Gefängniß werfen ließ. Dort tödtete Pietro sich selbst, indem er aus Verzweiflung den Kopf an die Mauer stieß (1249).

⁵) Die Scheelsucht.

⁶) Aus den Brüchen an den Zweigen kamen die Schmerzenslaute hervor.

⁷) Lano, ein Sienese, welcher sein ganzes Vermögen toll vergeudet hatte, stürzte sich aus Verzweiflung darüber im Gefechte bei Toppo zwischen den guelphischen Sienesen und den ghibellinischen Aretinern in die siegreiche Schaar des Feindes, und fand den Tod.

⁸) Die Hunde bedeuten die Gläubiger welche den tollen Verschwender verfolgen.

⁹) Derjenige, welcher sich in dem Busch versteckte, ist Jakob von S. Andrda, aus Padua, ein toller Verschwender, der sein Landhaus angezündet haben soll, um das Schauspiel eines schönen Feuers zu genießen. Der aus dem Busche sprechende Florentiner wird von Einigen für Rocco de Mozzi gehalten, welcher sich in seinem Hause aufhing, um der Armuth zu entgehen, die er sich durch seine wüste Verschwendung zugezogen.

¹⁰) Florenz soll, als es noch heidnisch war, den Kriegsgott Mars zum Beschützer gehabt, und als es christlich geworden denselben mit dem hl. Johannes dem Täufer vertauscht, aber eine Bildsäule des Mars an der Arnobrücke gelassen haben, welche dem Aberglauben für ein Palladium zum Schutze der Stadt galt. Als unter Karl dem Großen Florenz, das nach der Sage von Attila war zerstört worden, wieder aufgebaut wurde, fand man auch die Bildsäule des Mars und stellte sie auf der Arnobrücke auf. — Cosetti meint, daß diese Stelle sinnbildlich so zu verstehen sei, daß unter dem Täufer, dessen Bild auf den Florenti-

nischen Münzen geprägt war, das Geld, unter dem ersten Schirm-
herrn der Stadt aber, dem Kriegsgott, die Tapferkeit gemeint sei.

XIV. Gesang.

¹) Cato der Jüngere führte die Ueberbleibsel vom Heere
des Pompejus durch die lybische Wüste.

²) In dem angeblichen Briefe des Alexander an Aristoteles
wird dieß erzählt.

³) Der Sprechende ist Kapaneus, einer der sieben Heer-
führer vor Theben, welcher, als er beim Erstürmen der Mauer
die Himmelsmächte lästerte, von einem Blitzstrahl getroffen wurde.
— Auf den Mongibello (den Aetna in Sicilien) verlegt die
Fabel die Werkstatt des Vulkan, wo dieser mit seinen Cyklopen
dem Jupiter die Blitze schmiedete. — Das Thal Phlägra in
Thessalien war der Schauplatz des Kampfes zwischen den olym-
pischen Göttern und den himmelstürmenden Giganten. — Die
Anwendung der heidnischen Mythologie als Symbolik ist bei
Dante gewöhnlich.

⁴) Der Sprudel bei Viterbo war ein vielbesuchtes heißes
Bad, besonders, wie es scheint, von Frauen von schlechtem Lebens-
wandel benützt.

⁵) Als Saturn von Kreta aus die Welt beherrschte, war
das goldene Zeitalter, in welchem die Menschen schuldlos waren.
— Von Kreta wird der Ursprung Trojas hergeleitet; von Troja
kam Aeneas, der sagenhafte Gründer des römischen Reiches.

⁶) Auf dem Berge Ida verbarg Rhea nach der Mythologie
ihren Sohn Jupiter um zu verhindern, daß er von seinem Alles
verschlingenden Vater, dem Gott der Zeit, verzehrt werde. Dort
ließ sie durch Instrumente und Geschrei Lärm machen, damit
das Kind sich nicht durch sein Weinen verrathe.

⁷) Das von dem Propheten Daniel auf die nach einander
folgenden Weltreiche gedeutete Traumgesicht des Königs Nebu-
cadnezar wird hier auf die nach einander folgenden Zeitalter angewendet. Der Greis ist mit den Schultern nach Damiette, mit

dem Gesichte nach Rom gewendet, um den Gang der Weltgeschichte von dem Osten nach dem Westen zu bezeichnen. — Alle Zeiten, nur die goldene nicht, haben durch ihre Laster Thränen erpreßt, aus welchen sich der Dichter die Höllenflüsse entstanden denkt. — Daß der Greis mehr auf Thon als auf Eisen steht, bezeichnet die Gebrechlichkeit der menschlichen Einrichtungen.

⁸) Der Acheron ist der freudenlose, der Styx der schmerzensvolle Fluß, der Phlegeton der brennende. Der Cocyt ist der See des Weinens.

⁹) Weil Phlegeton der Brennende heißt.

¹⁰) Der Letheflnß, der Fluß des Vergessens, ist nicht in der Hölle, sondern auf dem Gipfel des Purgatoriumberges im irdischen Paradiese.

XV. Gesang.

¹) Die aus dem Bache aufsteigenden Dünste, machen die Funken verlöschen.

²) Zwischen Brügge und der Insel Cadsand in den Niederlanden sind Dämme gegen die Meeresfluten errichtet.

³) Die Brenta schwillt durch den geschmolzenen Alpenschnee so an, daß sie die Umgegend von Padua mit Ueberschwemmung bedroht.

⁴) Brunetto Latini, der Lehrer des Dichters, war Philosoph und Rhetoriker. Er schrieb eine Encyklopädie: Il tesoro (der Schatz) und ein Lehrgedicht: Il tesoretto (Das Schatzkästlein) genannt. Er gehörte der Guelphenparthei an und lebte 1220—1296.

⁵) Die Florentiner leiten ihren Ursprung theils von den Römern, theils von der alten auf einem Berge mit einem Steinbruch gelegenen Stadt Fäsula (jetzt Fiesole) her.

⁶) Die Sage über den Ursprung des Beinamens der Blinden ist zweifach. Nach der Einen soll Totila (Attila) die Florentiner durch falsche Versicherungen bewogen ihm die Thore zu öffnen, und dann die Vornehmsten niedergemetzelt haben. Nach der

Zweiten soll den Florentinern, welche den Pisanern im Kriege beigestanden waren, von Diesen die Wahl zwischen zwei Geschenken gelassen worden sein, von denen das eine aus zwei prachtvollen Bronce-Thüren, das andere aus zwei Säulen von Porphyr bestand, welche von den Florentinern gewählt wurden, die zu spät entdeckten, daß nur durch Ueberstäuchung mit Scharlachfarbe der Schaden verborgen gewesen, den jene Säulen durch Feuer erlitten hatten.

⁷) Brunetto sagt dem Dichter voraus, daß dieser von beiden Partheien, den Schwarzen und den Welfen, zurück gewünscht werden würde, doch vergebens.

⁸) Der Ursprung der Colonie der Römer, welche zuerst Florenz gegründet hatten, galt für edel, der von den Fiesolanern, die sich später dort niederließen, für niedrig.

⁹) Mit Ciaccos und Farinatas Weissagung.

¹⁰) Dante hatte sich die Worte Virgils gemerkt: „durch geduldiges Tragen überwindet man jedes Schicksal."

¹¹) Priscian, der berühmte Gramatiker des 6. Jahrhunderts.

¹²) Franz von Accorso, im 13. Jahrhundert Rechtsgelehrter in Bologna.

¹³) Andreas de' Mozzi von der Guelphenpartei, früher Bischof in Florenz, dann vom Papst nach Vicenza (am Bachiglioneflusse gelegen) versetzt, wo er starb.

¹⁴) Sein oben genanntes Werk.

¹⁵) In Verona wurde jährlich ein Wettlauf gehalten, dessen Preis ein grünes Tuch war.

XVI. Gesang.

¹) Weil sie nicht still stehen durften, drehte Jeder sich um sich selbst herum.

²) Guidoguerra, welcher unter Karl von Anjou in der Schlacht bei Benevent (1260) tapfer gegen Manfred kämpfte, war ein Enkel der Walbrade, Tochter des Billineton Berti, die

mit Guido (aus dem Hause der Pfalzgrafen von Toscana) vermählt war.

³) Tegghiajo Albobrandi, aus der Familie der Adimari widerrieth vergeblich den Florentinern die Schlacht an der Arbia, wo sie geschlagen worden.

⁴) Jacob Rusticucci, ein reicher Florentin'scher Ritter, hatte eine böse Gattin, von der er sich trennen mußte.

⁵) Wilhelm Borsiere, ein feiner Weltmann, von welchem im Decamerone erzählt wird.

⁶) Jener Fluß der Romagna, welcher in der Ebene den Namen Montone erhält, und bis zu seiner Mündung in dem eig'nen Bette bleibt, da er unmittelbar sich ins Meer ergießt.

⁷) Das Kloster St. Benedetto nell' Alpi, stand zu Dantes Zeit unter dem Grafen Ruggieri von Dovadola, Sohn des Guido Salvatico, der den Plan gehabt haben soll, mehrere Dörfer unter dem Schutz des Klosters zu einer Stadt zu vereinigen. Doch dieser Plan wurde nicht ausgeführt. So erzählt Boccaccio.

⁸) Dem dritten Orden der mit einem Stricke umgürteten Franziskaner gehörten zu Dantes Zeit viele verheirathete und die Geschäfte ihres weltlichen Berufes verrichtende Personen an, und im Kleide desselben ließ Dante sich begraben. Durch die strenge Zucht, welche jener Strick andeutet, strebte der Dichter in seiner Jugend die Wollust zu bändigen. — Im andern Sinn bedeutet der Strick den Gürtel der Gerechtigkeit, von welchem der Prophet Jsaias spricht. Durch die Gerechtigkeit wollte Dante die durch Partheiung bunt gefärbte Vaterstadt im Zaume halten. Daß der Dichter durch diesen Strick den Geryon, das Bild des Betruges, hervorlockt, deutet an, daß die Lüge vor dem Auge der Gerechtigkeit nicht verborgen bleiben kann.

XVII. Gesang.

¹) Arachne, die, weil sie in der Webekunst sich über Minerva erhoben hatte, in eine Spinne verwandelt wurde.

²) Man glaubte ehmals, daß der Biber seinen Schwanz in's

Waſſer ſtecke, um durch die aus demſelben träufelnde Flüſſigkeit die Fiſche anzulocken. Das Wappen der Gianfigliazzi in Florenz, welche der Guelphenparthei angehörten.

⁴) Das Wappen der Obriacchi, eines Florentinischen Geſchlechts, von der Partei der Ghibellinen.

⁵) Das Wappen der Scrovigni in Padua. Rinaldo Scrovigni war zu Dantes Zeit ein berüchtigter Wucherer.

⁶) Bitaliano dei Dante, ein reicher Paduaner, welcher im Jahre 1300 noch lebte.

⁷) Meſſer Giovanne Bulamonti be Ricci, ein florentiniſcher Ritter, und höchſt berrufener Wucherer ſeiner Zeit, lebte auch noch 1300.

⁸) Im Original heißt es „becchi" Schnäbel, dem Namen Ricci entſprechend. Doch Pietro di Dante, ſagt, das Wappen der Buiamonti habe drei Böcke enthalten.

⁹) Vom achten zum neunten Kreiſe werden ſie durch den Rieſen Antäus hinabgetragen.

¹⁰) Der breitleibige König Geryon warf die Fremben ſeinen Stieren bor und wurde von Hertules gelödtet.

¹¹) Die Pythagoräer glaubten, daß die Milchſtraße durch eine Abweichung der Sonne von ihrer Bahn (mit Anſpielung auf die Fabel von Phaeton) entſtanden ſei.

¹²) Er fürchtete ſich wie Jcarus, der Sohn des Dädalus, als dieſer im Flug die aus Wachs gemachten Flügel ſchmelzen fühlte.

¹³) Durch das aus zwei zuſammen gebundenen Vogelfittichen beſtehende Federſpiel wird der Falke angelockt.

XVIII. Geſang.

¹) Im Jubiläumsjahre 1300 kamen ſo viele Andächtige nach Rom, daß man die Engelsbrücke durch Schranken theilen mußte, ſo daß die nach dem Caſtel S. Angelo und nach S. Peter Ziehenden auf der einen Seite, und die nach dem Janiculus gewandten Zurückkehrenden auf der andern gehen ſonnten.

*) Im Original: „Salsa" (Sauce, beißende Brühe,) wie man auch in südbeutschen Dialecten von scharfen Bedrängnissen sagt. Salsa (verwandt mit dem deutschen Wort Sulz) hieß eine Schlucht bei Bologna, wo die Leichen der Hingerichteten hingeworfen wurden. Auch soll eine Straße von Bologna, wo man die Verbrecher staupte, so genannt worden sein.

²) Venedico Caccianimico aus Bologna beredete aus Eigennutz seine Schwester Ghisola sich dem Gelüste des Markgrafen Obiz' von Este zu ergeben.

⁴) Bologna liegt zwischen den Flüssen Savena und Rheno, und das Wort Sipa (dem französischen Si und dem deutschen Doch entsprechend) wird in Bologna als Bejahungswort gebraucht. — So wird auch in dem Worte Languedoc das Bejahungswort oc (statt oui, ja) als Bezeichnung der Mundart angewendet.

⁵) Jason, welcher den Kolchiern das goldene Vließ nahm, zog durch die Insel Lemnos, wo die Frauen, von Venus gereizt, alle Männer getödtet hatten. Nur der König Thoas war durch die List seiner Tochter Hypsipyle, welche die andern Frauen täuschte, gerettet worden. Diese Hypsipyle wurde von Jason verführt und verlassen, und die Königstochter Medea auf Kolchis erfuhr von ihm das gleiche Loos.

⁶) Man konnte nicht sehen, ob er eine Tonsur habe.

⁷) Die adelige Familie der Interminei gehörte der Ghibellinenpartei an, und die der Caccianimico der Partei der Guelphen.

⁸) Thaïs, die Buhlerin aus den Eunuchen des Terenz. Im zweiten Schlunde werden die feilen Dirnen zugleich mit den Schmeichlern gezüchtigt, und im ersten die Kuppler und Verführer.

XIX. Gesang.

¹) Von Simon Magus, welcher den Aposteln Geld geboten hatte, um von ihnen durch Auflegung der Hände den hl. Geist zu empfangen, heißen die Käufer und Verkäufer geistlicher Würden Simonisten. Diese werden im dritten Schlunde bestraft.

*) In der Johanneskirche in Florenz waren um den Taufbrunnen gemauerte Vertiefungen angebracht, damit die Priester, vor dem Gedränge geschützt, darin taufen konnten. Ein spielender Knabe fiel einst in ein solches Loch; um ihn zu retten sprengte Dante mit einem Beile die Steine ringsherum; dieß mag als Frevel ausgelegt worden sein, und der Dichter rechtfertigt sich deshalb.

²) Zu Dantes Zeit wurden die Meuchelmörder lebendig mit dem Kopfe nach unten begraben, und sie mochten wohl öfter, wenn sie schon in der Grube steckten, den Beichtvater zurückrufen, um ihm noch etwas zu sagen, damit der Tod, sich verzögere.

³) Papst Bonifacius VIII., welcher Karln von Valois nach Italien berief, starb 1303, und des Dichters Reise fällt in das Jahr 1300.

⁴) Die schöne Frau ist die Kirche.

⁵) Papst Nicolaus III. war aus dem Hause Orsini, welches eine Bärin im Wappen führte, und wurde der Simonie zu Gunsten seiner Verwandten beschuldigt. Er regierte 1277 bis 1280.

⁶) Nicht die unmittelbaren Vorgänger Nicolaus III., sonder die den Hohenstaufen feindlichen Päpste: Innocenz IV., Alexander IV., Urban IV., Clemens IV.

⁷) Auf Bonifacius VIII. folgte der nur 1303 — 1304 regierende Benedict XI., welcher hier nicht gemeint ist, sondern dessen Nachfolger Clemens VIII., welcher durch den Einfluß Philipps des Schönen von Frankreich gewählt wurde, also von Westen kam, und ganz in der Dienstbarkeit dieses Königs stand.

⁸) Der hohe Priester Jason ließ sich für Geld die hohepriesterliche Würde von dem Könige Antiochius Epiphanes von Syrien ertheilen.

¹⁰) Matthias wurde durch das Loos zum Nachfolger des Judas Ischariot gewählt.

¹¹) Einige deuten diese Stelle darauf, daß Karl von Anjou die Verschwägerung mit dem auf seinen Reichthum stolzen Papst Nicolaus abgewiesen, Andere darauf, daß Johannes von Procida

für Geld vom Papst die Genehmigung des sicilianischen Aufstandes erlangt habe.

¹⁷) In der Apokalypse hat nicht das Weib, sondern das Thier, auf welchem es sitzt, sieben Häupter und zehn Hörner. — Hier bedeutet das Weib die durch die Vermischung mit der weltlichen Gewalt befleckte Macht der römischen Kirche; die sieben Häupter sind die sieben Hügel, auf welchen Rom liegt, der Gatte ist der Kaiser, die zehn Hörner (Zehn bezeichnet hier nur eine Vielzahl überhaupt) sind die dem römischen Reiche unterworfenen Fürsten. — Dieß ist nämlich die Anwendung, welche Dante hier von jener Stelle der Apokalypse macht.

¹⁸) Zu Dantes Zeit glaubte man allgemein an die vorgebliche Schenkung des Kaisers Konstantin an den Papst Sylvester. — Die in dem Anhang zu den Noten zum XL Gesang angeführte Schrift des Professors v. Döllinger: „Die Papstfabeln" gibt hierüber Belehrung. Ich lasse daher von dem Inhalte des Kapitels: „Die Schenkung Konstantins" (S. 61—106) einen kurzen Auszug folgen:

„Der Liber Pontificalis zählt eine Reihe von Häusern und Grundstücken auf, welche Konstantin der römischen Kirche geschenkt haben soll. Diese Schenkungen sind schon durch die Quelle verdächtig; — Der Verdacht steigert sich, wenn man bemerkt, daß eine so ungeheuere Menge Schenkungen dem einen Konstantin zugeschrieben wird, während das Buch von allen folgenden Kaisern nicht eine einzige zu berichten weiß, bis auf Justinus und Justinianus im 6. Jahrhundert, die nur Gefäße geschenkt haben sollen. Dazu kommt das Schweigen aller Zeitgenossen, und der Umstand, daß Constantin nie Grundstücke schenkte, sondern nur Einkünfte, Geldzuschüsse anwies. Der Verfasser der vita Silvestri im Liber Pontificalis scheint also den ganzen, allmälig erworbenen Güterstock, wie er zu seiner Zeit d. h. im 7. oder 8. Jahrhundert war, auf lauter Schenkungen Constantins zurück geführt zu haben. — Bis zur Mitte des 8. Jahrhunderts ist keine Spur von jener nachmals so berühmt gewordenen Schenkung zu finden, kraft welcher Constantin dem Papſt eine Anzahl der umfaſſendſten Rechte und dazu Rom und Italien verleiht. — Nun wirft Prof. v. Döllinger die Fragen auf, wo und wann dieſes Dokument erdichtet worden ſei. Und das Reſultat ſeiner Forſchungen iſt, daß es in Rom und von einem römiſchen Kleriker verfertigt worden und zwar zwiſchen 750—775. Der Urheber wollte ein großes, das ganze Italien umfaſſendes Reich ſtatt des zwiſchen Longobarden und Griechen getheilten Italiens. — Pſeudo-Iſidor hat die conſtantiniſche Schenkung als ein bereits älteres Dokument in ſeine Sammlung aufgenommen. — 777 erwähnte Papſt Hadrian I. zuerſt dieſer Schenkung; doch fand ſowohl er, als Papſt Leo IX., Kaiſer Otto III., Cardinal Petrus Damiani in dem Inſtrumente nur die Schenkung Italiens. Erſt ſpäter hat man in der Stelle: „Italien oder die weſtlichen Gegenden,“ das „oder“ in „und“ verwandelt. — Durch Pſeudo-Iſidor (S. 840) begann die Schenkung auch außerhalb Italiens bekannt zu werden. In den päpſtlichen Schreiben findet ſich von Hadrian I. bis Leo IX. (778 bis 1053) nichts davon. 1054 theilte Leo IX. dem Patriarchen Michael Cerularius faſt den ganzen Text der Schenkung mit. Leo's Nachfolger, Papſt Gregor VII., hat nie Gebrauch von jenem Schriftſtück gemacht, wohl aber Gregor's Freund, der Cardinal Petrus Damiani. 1091 ſtützte Urban II. das Eigenthumsrecht der römiſchen Kirche über Corſica auf Conſtantin's Schenkung und leitete Conſtantin's Recht, Inſeln zu verſchenken aus dem Grunde ab, alle Inſeln ſeien Staatsdomäne. Auf dieſen Gedanken baute man fort, und trug die Conſtantiniſche Schenkung nach Irland hinüber. Dieß that Hadrian IV., als er dem engliſchen König Heinrich II. die Herrſchaft über die Inſel Hibernia verlieh. — In den erſten Mißhelligkeiten zwiſchen dem Hohenſtaufen Friedrich I. und dem päpſtlichen Stuhl mußte die Conſtantiniſche Schenkung wieder eine Rolle ſpielen. — Seit Ende des 12. Jahrhunderts befeſtigte ſich das Anſehen derſelben. Gregor IX. hielt dem Kaiſer Friedrich II. vor, Conſtantin habe Rom und das Imperium den Päpſten für immer überlaſſen, darauf hätten die Päpſte das Tribunal des Kaiſerreiches errichtet, und darum pflegten sie die Gewalt des Schwertes den Kaisern in der Krönung zu bewilligen.

Noch weiter ging Innocenz IV. nach der Absetzung Friedrich's auf der Synode von Lyon, indem er 1254 erklärte, die weltliche Gewalt des römischen Stuhles habe Christus selbst dem Petrus übergeben, und sie sei durch Constantin's Schenkung nur wieder hergestellt worden. — Im 13. und 14. Jahrhundert wurde die Constantinische Schenkung vielfach besprochen und man stritt über den Umfang derselben. Im späten Mittelalter findet sich einerseits das Streben die Kirche mit Schenkungen auszustatten, andererseits die Ansicht, daß der große Besitz der Kirche die Quelle unzähliger Mißbräuche sei. Der letzteren Ansicht war Dante, welcher mit seinen Zeitgenossen die Schenkung Constantin's als Thatsache annahm und daher von ihr die herrschende Verderbniß ableitete. — Im 15. Jahrhundert erhob sich die Kritik gegen jene Urkunde und endlich gestand selbst Cardinal Baronius die Unächtheit derselben ein."

II. Gesang.

[1] Amphiorāus, einer der sieben Könige vor Theben, hatte sich, weil er seinen Tod vorhergesehen, lange geweigert am Kampfe Theil zu nehmen, und wurde während desselben von der Erde verschlungen. Er wird im vierten Schlunde mit den Zauberern und Wahrsagern bestraft.

[2] Die Fabel erzählt von Thiresias, daß er, als er auf zwei verbundene Schlangen mit dem Stabe schlug, zum Weibe, und nach sieben Jahren auf dieselbe Art wieder zum Manne wurde.

[3] Aruns, ein hetrurischer Wahrsager, wohnte in dem Gebirge von Carrara.

[4] Manto, die Tochter des Wahrsagers Thiresias, irrte, nachdem Theben, die Geburtsstadt des Bacchus, unter Kreons Tyrannei gerathen war, lange umher und wurde, wie Virgil

erzählt, die Mutter des Ocnos, der Mantua, wo Virgil geboren wurde, gründete und nach seiner Mutter nannte.

⁵) Der Gardasee hieß früher Benacus, und das Wasser, welches sich in ihm sammelt, entspringt vielen Gebirgsquellen.

⁶) Wo die Grenzen der drei Bisthümer einander berührten.

⁷) Jetzt Governolo.

⁸) Die Alten pflegten, ehe sie einer Stadt den Namen gaben, das Loos zu werfen oder ein Zeichen zu befragen.

⁹) Graf Albert von Casalodi, Gebieter von Mantua ließ sich durch Pinamonte del Buonacolsi überreden, viele vornehme Mantuaner zu verbannen, worauf sich Pinamonte selbst der Herrschaft bemächtigte.

¹⁰) Weil die Meisten auf dem Zuge gegen Troja waren.

¹¹) Trauerspiel (tragedia) wird das Epos der Aeneide von Dante wegen des hohen Style genannt.

¹²) Michael Scotus war Astrolog am Hofe Kaiser Friedrich's II.

¹³) Bonotti war im 13. Jahrhundert ein Sterndeuter in Forli. — Asdente, ein Schuster in Parma, war zu Dante's Zeit ein bekannter Wahrsager.

¹⁴) Man glaubte, daß man durch Beschädigung von Wachsfiguren den Personen, welche durch dieselben dargestellt wurden, schaden könne.

¹⁵) Nach einer Volkssage glaubte man in den Flecken des Mondes Kain mit einem Dornenbündel zu erblicken.

Also: „Der Mond, der in der vorigen Nacht voll war, ging jetzt zwischen der östlichen und westlichen Hemisphäre unterhalb Sevilla unter;" es kam folglich der Tag des zweiten Reisetages heran.

XX. Gesang.

¹) Von Lucca; denn die heilige Zitta war Patronin der Stadt. — Im fünften Schlunde, in dem die Bestechlichen bestraft werden, sind viele Lucchesen.

¹) Dieß ist ironisch gesagt; Bonturo war als bestechlich bekannt.

²) Im Dome zu Lucca war eine Bildsäule des Erlösers mit edlem Angesicht, welche von den Pilgern mit zur Erde geneigtem Haupt verehrt wurde. Da nun der Sünder so empor kommt, daß der Kopf unten ist, wird er von den Teufeln in der genannten Weise verhöhnt.

³) Der Serchio fließt bei Lucca vorbei.

⁴) Caprona, eine Burg der Pisaner, wurde 1290 den toscanischen Guelphen übergeben und die Besatzung fürchtete sich beim Auszug vor dem drohenden Zuruf der zahlreichen Feinde.

⁵) Da Christus im 34. Jahre starb, waren am Charfreitag 1300, zwölf hundert sechs und sechzig Jahre seit dem Erdbeben beim Tode Christi verflossen. Und da Jesus um die neunte Stunde (um 3 Uhr Nachmittag) starb, fand die Unterredung, in der dieß gesagt wird, in der vierten Stunde nach Sonnenaufgang, also (da die Zeit des Frühlings-Aequinoctiums war) um 10 Uhr Vormittag statt.

XXII. Gesang.

¹) Die Aretiner waren damals viel im Kriege und liebten auch im Frieden kriegerische Uebungen.

²) Auf den Klang der Martinella versammelten sich in Florenz die Zünfte in Waffen.

³) Plinius erzählt, daß die Delphine, wenn sie ruhig auf dem Wasser spielen, Sturm verkünden.

⁴) Ciampollo, der Sohn eines Verschwenders, kam in den Dienst des Königs Thibaut II. von Navarra, welcher der Gute genannt wurde.

⁵) Er spricht von Einem von der Insel Sardinien, also von einem Nachbar des Lateinerlandes oder Italiens.

⁶) Bruder Gomita, ein Sardinier, war ein Liebling des Herr Nino von Galura und ließ für Geld die Feinde seines Gebieters entrinnen.

¹) Michael Zanche war Seneschall des Königs Enzio und bewog durch Trug die Wittwe desselben Adelasia ihm ihre Hand zu reichen, wodurch er in den Besitz von Logodoro gelangte.

XXIII. Gesang.

¹) Der Frosch will die Maus, die er auf seinen Rücken geladen, heimtückisch ins Wasser werfen; aber ein Raubvogel stürzt herab und verschlingt beide.

²) Die Commentatoren erzählen, Kaiser Friedrich II. habe die Hochverräther mit Mänteln von Blei bekleiden und mit denselben in einem großen Gefäß über ein Feuer setzen lassen.

³) Unter Urban IV. wurde unter dem Namen der Ritter unserer lieben Frau ein Orden gegründet, dessen Mitglieder, den eigentlichen Mönchsgelübden unbekannt, nur um Frieden zu stiften, ein Amt annahmen und nur gegen die Feinde der Kirche die Waffen führen sollten. Sie wurden von dem Volke spottweise „frati gaudenti" (lustige Brüder) genannt.

⁴) Als Loderigo degli Andalo und Catalana in Florenz gewählt worden waren, um gemeinschaftlich das Amt eines Podesta zu verwalten, ließen sie sich trotz ihrer geheuchelten Unparteilichkeit von den Guelphen zur Verfolgung der Ghibellinen und zur Zerstörung der Häuser derselben verleiten, besonders in dem Stadttheile, welcher der Gardingo hieß.

⁵) Kaiphas.

⁶) Annas, der Schwiegervater des Kaiphas.

XXIV. Gesang.

¹) Wenn die Sonne im Zeichen des Wassermannes steht, im Februar. Die Haare der Sonne (Gold) sind die Locken des Phöbus.

²) Den Schnee.

¹) Eine abergläubische Volksmeinung schrieb dem Heliotrop, einem dem Jaspis ähnlichen Stein, die Eigenschaft zu, den Träger desselben unsichtbar zu machen.

⁴) Vanni Fucci, der Bastard-Sohn des adeligen Fuccio de' Lazzari, stahl die heiligen Gefäße in der Sakristei des Domes von Pistoja und befindet sich deshalb im 8. Schlunde, wo die Diebe bestraft werden. Dante, dem jener Diebstahl unbekannt war, hatte erwartet ihn im Kreise der Gewaltthätigkeit zu finden.

⁵) 1301 brach der mit den übrigen Schwarzen aus Pistoja verbannte Marchese Malaspina aus dem Thale der Magra hervor, und überwand die Weißen im Picenerfelde. Diese Niederlage war zum Theile schuld daran, daß die Weißen bald darauf aus Florenz verjagt wurden. Der der schwarzen Parthei angehörige Fucci verkündigt dieß dem Ghibellinen Dante, um ihn zu kränken.

XXV. Gesang.

¹) Der Centaure Kakus stahl Rinder von der Heerde des Herkules.

²) Cianfa Donati.

³) Agnello Brunelleschi bekleidete, wie die Beiden, die ihm zusehen, Buoso degli Uberti und Puccio Sciancato de' Galigai, ein wichtiges Amt in der Republik Florenz, in welchem er gleich jenen Beiden sich durch Diebstahl an dem Vermögen der Stadt bereicherte.

⁴) Lucan erzählt von dem Zuge Cato's mit seinem Heere durch die lybische Wüste, daß Einer der Krieger, Sabellus durch den Stich einer Eidechse von innerer Gluth verzehrt wurde, der Andere, Nasidius durch den Biß einer Schlange aufschwoll und starb.

⁵) Guercio Cavalcante wurde in Gaville im obern Arnothal getödtet, und die Verwandten Cavalcantes nahmen blutige Rache an den Bewohnern der Ortschaft Gaville.

XXVI. Gesang.

¹) Die Alten hielten die Morgenträume für prophetisch.

²) Prato und die übrigen Nachbarstädte von Florenz verabscheuten diese Stadt so, daß sie sich an dem Unglück derselben erfreuten.

³) Nachdem der Prophet Elisäus wegen seines Kahlkopfes von muthwilligen Knaben verspottet worden war, wurden diese von Bären zerrissen. Derselbe Elisäus sah seinen Lehrer Elias in einem feurigen mit feurigen Rossen bespannten Wagen zum Himmel empor ziehen.

⁴) Aus dem Holzstoß, auf welchem die Leichen der feindlichen Brüder Eteokles und Polynikes verbrannt wurden, schlug die Flamme getheilt empor.

⁵) Ulysses und Diomedes, die Kriegsgefährten, werden im achten Schlunde als falsche Rathgeber bestraft. Die List mit dem hölzernen Pferde, durch welche Troja fiel, gab Veranlassung, daß Aeneas, der sagenhafte Gründer Roms, Troja verließ. — Ulysses und Diomedes waren es auch, welche das Bild der Minerva, Trojas Palladium raubten, und den Achilles der Deidamia, die ihn liebte, entrissen.

⁶) Nach der Sage erhielt Gaeta den Namen von der Amme des Aeneas Cajeta.

⁷) Die folgende Erzählung stimmt nicht mit der Odyssee, sondern mit der Meinung des Plinius überein.

⁸) Zur Meerenge von Gibraltar.

⁹) Es war der Berg des Purgatoriums.

XXVII. Gesang.

¹) Der Athenienser Perill' verfertigte für den Tyrannen von Agrigent Phalaris einen Stier von Erz, der so gebildet war daß wenn er glühend gemacht war, das Jammergeschrei Dessen, den man hinein, warf dem Stiergebrülle glich. Phalaris ließ den Perill' zuerst hinein werfen.

²) Aus Montefeltro zwischen Urbino und dem Monte Corvaro in dessen Nähe die Tiber entspringt, an der Gränze zwischen Toscana und der Romagna.

³) Guido von Polenta in dessen Wappen ein Adler war beherrschte Ravenna und Cervia.

⁴) Forli widerstand während einer langen Belagerung dem durch Martin IV. wider die Stadt gesandten meist aus Franzosen bestehenden Heere und fügte Diesen großen Schaden zu. Orbelaffi, der 1300 Forli beherrschte, hatte einen grünen Löwen im Wappen.

⁵) Die zwei Malatesta, Vater und Sohn, beherrschten Rimini und wohnten in dem Schlosse Verrucchio. Montagna ließ den Ghibellinen Parcitati im Kerker ermorden.

⁶) Die Städte Faenza am Lamone und Imola am Santerno wurden von Mainardo Ragano regiert, dessen Wappen ein Löwe auf blauem Feld war, und der zwischen den Guelphen und Ghibellinen schwankte.

⁷) Die Stadt Cesana am Savio.

⁸) Guido von Montefeltro, ein Zeitgenosse Dante's.

⁹) Papst Bonifacius VIII.

¹⁰) Papst Bonifacius kämpfte in Rom gegen die adelige Familie der Colonna. Der Dichter sagt, es seien keine Abgefallenen in der dem Papste feindlichen Schaar gewesen, Keiner, der Theil am Siege genommen hätte, den die Sarazenen in der Bestürmung Acre's gewonnen, Keiner, der als Renegat in den Ländern des Sultans Handel getrieben.

¹¹) Nach der zu Dante's Zeit allgemein geglaubten Fabel.

¹²) Präneste in der Campagna die Roma, wo sich die Anhänger der Colonna eingeschlossen hatten.

¹³) Cölestin V., der der päpstlichen Würde entsagte.

¹⁴) Bonifacius hatte den Anhängern der Colonna Verleihung versprochen, wenn sie ihm die Festung übergeben wollten; doch er hielt sein Versprechen nicht. Aber die Theilnahme Guido's an dieser Sache ist nicht erwiesen und gewiß nur eine Erfindung der Gegner.

XXVIII. Gesang.

¹) Livius erzählt, daß Hannibal nach der Schlacht bei Cannä mehr als einen Scheffel Ringe von den erlegten römischen Rittern nach Carthago geschickt habe.

²) Der Normanne Robert Guiscard eroberte die letzten Besitzungen der Griechen in Apulien.

³) In der Schlacht bei Ceperano (eigentlich bei Benevent) gingen viele Apulier vom Heere Manfred's zu dem des Karl von Anjou über.

⁴) Bei Tagliacozzo kämpfte Karl von Anjou als König von Sicilien wider Konradin von Schwaben. Alard von Valery gab Karl den Rath sich mit einer Schaar hinter einem Hügel zu verbergen und erst über die Deutschen herzufallen, wenn sie beim Plündern zerstreut sein würden.

⁵) Den Blinddarm.

⁶) Fra Dolcino, ein Schwärmer, welcher Gemeinschaft der Güter lehrte, versammelte seine Anhänger, mehr als 3000 an der Zahl, im Gebirge von Navara, wo sie lange Räuberei trieben, bis sie von Schnee und Hungersnoth bedrängt sich der gegen sie von den Navaresen ausgesandten Kriegerschaar ergeben mußten.

⁷) Peter von Medicina säete Zwietracht zwischen Guido von Polenta und Malatestino von Rimini und wird deßhalb im neunten Schlunde mit den Unruhstiftern bestraft.

⁸) Zur Lombardei, von Vercelli bis zum Ausfluß des Po, wo ehmals das Schloß Marcabò lag.

⁹) Guido del Cassero und Angiolello von Carignano wurden von Malatestina, welcher Rimini beherrschte, zu einer Zusammenkunft nach Cattolica zwischen Rimini und Pesaro geladen und dort von den Schiffern nach dem Befehle des Waltherichs ins Meer geworfen.

¹⁰) Von Cypern, dem östlichsten, und Majorca, dem westlichsten Punkt des Mittelmeeres.

¹¹) Malatestino war auf einem Auge blind.

¹²) Von dem später die Rede sein wird.
¹³) Focara, ein Berg bei Cattolica, von dem oft gefährliche Winde kommen.
¹⁴) Der verbannte Tribun Curio gab bei Rimini dem Cäsar den Rath, den Bürgerkrieg ohne Säumen zu beginnen.
¹⁵) Der Florentiner Mosca begli Uberto gab mit den Worten: „Cosa fatto capo ha" (Was geschehen ist, hat ein Ende) den Ausschlag zum Beschlusse der Ermordung des Buondelmonte, welche der Ursprung unheilvoller Parteiung in Florenz war.
¹⁶) Bertram von Bornio, Biscoute von Hautefort und berühmter Liederdichter, säte Feindschaft zwischen Heinrich II. von England und dessen schon bei Lebzeiten seines Vaters gekrönten Sohn aus.
¹⁷) Achitophel reizte durch treulose Rathschläge David und Absalon zur wechselseitigen Feindschaft.
¹⁸) Gewiß hat Dante unter dem Quell (principio) des Gehirns nicht das Rückenmark, sondern nach der im Mittelalter allgemein angenommenen Theorie, das Herz gemeint.

XXIX. Gesang.

¹) Es war also, da die Zeit des Vollmonds war, Mittag.
²) Gerl del Bello, ein Blutsverwandter Dante's liebte es Zwietracht zu säen.
³) Von Bertram von Bornio.
⁴) Der an Gerl del Bello geübte Mord war noch durch keinen seiner Verwandten gerächt worden. Zu Dante's Zeit hielt man die Blutrache für Pflicht und sah, so lange ein Mord nicht gerächt war, die Verwandten des Getödteten als Genossen der Schmach des Mörders an.
⁵) Das ehmals durch Sumpffieber verrufene Thal Valdichiana bei Arezzo ist durch die Fürsorge der toscanischen Regierung ausgetrocknet worden. Maremma, der sumpfige Küstenstrich zwischen der Mündung des Arno und dem Kirchenstaate,

und die Insel Sardinien sind im Spätsommer wegen ihrer ungesunden Luft berüchtigt.

⁶) In Aegina herrschte unter dem König Aeacus eine so böse Pest, daß alle Menschen und Thiere davon hinweggerafft worden und Ovid erzählt, daß auf die Bitte des Königs die Ameisen, die übrig geblieben waren, sich in Menschen verwandelten, welche ihres Ursprungs wegen Myrmidonen genannt wurden.

⁷) Griffolino von Arezzo versprach im Scherz dem Sienesen Albero oder Alberi, einem Sohne oder nahen Verwandten des Bischofs von Siena, ihn die Kunst des Fliegens zu lehren. Alberi, der sich in seiner Erwartung betrogen sah, beschuldigte ihn vor dem Bischof von Siena der Zauberkünste und Griffolano wurde deßhalb verbannt. Er war ein Alchymist oder Goldmacher und wird daher im zehnten Schlunde bestraft, in welchem die verschiedenartigen Fälscher gepeinigt werden, nämlich die Fälscher der Metalle oder Alchymisten, die Fälscher der Person oder Diejenigen, welche sich für Andere ausgaben, die Fälscher des Geldes oder Falschmünzer und endlich die Fälscher des Wortes oder Lügner.

⁸) Dädalus machte sich Flügel, um aus dem Labyrinthe von Kreta zu entfliehen.

⁹) Dieß ist Ironie; die hier Genannten waren sämmtlich tolle Verschwender.

¹⁰) Dieser Garten war Siena.

¹¹) Benvenuto von Imola erzählt von einer Gesellschaft junger Verschwender in Siena, zu welcher auch Caccia von Asciano und der Abbagliato gehörten.

¹²) Capocchio aus Siena, welcher mit Dante zugleich die Naturwissenschaften studirt haben soll und ein kunstreicher Nachahmer der Natur war, trieb auch Alchymie.

¹³) „Wenn du anders wirklich der Alighieri bist, für den ich dich halte."

XXI. Gesang.

¹) Semele die Tochter des Kadmus, Königs von Theben, wurde von Jupiter geliebt und erweckte dadurch den Haß der Juno gegen ihren ganzen Stamm. Semele's Schwester Ino war die Gattin des Königs Athamas, der in einem durch Juno erregten Anfall des Wahnsinnes sein Weib mit den Söhnen für eine Löwin mit ihren Jungen hielt und sie verfolgte.

²) Die gefangene Königin Troja's, Hekuba, mußte sehen, wie ihre Tochter Polyxena dem Schatten des Achill geopfert wurde, und erblickte dann den Leichnam ihres Sohnes Polydorus an der thracischen Küste, wobei sie von Schmerz ergriffen gleich einem Hunde heulte.

³) Myrrha, die Tochter des Königs von Cypern, pflegte mit ihrem Vater, indem sie sich im Dunkel der Nacht für eine Fremde ausgab, blutschänderischen Umgang, und wird deßhalb als Fälscherin der Person mit der Wuth bestraft.

⁴) Johann Seichl ließ den Leichnam des Buoso Donati, der sein Vermögen größtentheils frommen Stiftungen vermacht hatte, heimlich wegschaffen, legte sich in das Bett des Verstorbenen, dessen Person er täuschend nachzuahmen wußte, und vermachte so dem Simon Donati das Vermögen des Verstorbenen, sich selbst aber die beste Stute aus dem Stalle desselben.

⁵) Adam von Brescia, der als Falschmünzer verbrannt wurde, muß in der Hölle die Pein der Wassersucht leiden. Er schlug auf Veranlassen der Grafen Guido von Ravenna falsche florentinische Münzen.

⁶) So heißt ein schöner Brunnen in Siena; doch wahrscheinlich ist hier der Brunnquell gleichen Namens im Casentino noch bei Ravenna gemeint.

⁷) Putiphars Weib, welche den Joseph falsch beschuldigte, und Simon, der Grieche, der dem König Priamus den trügerischen Bericht über das hölzerne Roß gab, werden beide als Lügner oder Fälscher des Wortes mit einem hitzigen Fieber bestraft.

*) Adam machte sich so vieler Lügen schuldig, als er Münzen prägte.

*) „Du würdest gern ein klares Wasser trinken, wie das, in dem Narziß sich in sein Spiegelbild verliebte."

XXXI. Gesang.

¹) Die Dichter erzählen, daß der Speer des Achill die Wunden heilte, die er selbst geschlagen hatte.

²) Nach der Niederlage, welche die von Karl dem Großen zurückgelassene Schaar bei Roncedal vor den Mauern erlitten hatte, blies nach der Sage Roland so laut in sein Horn, daß Karl der Große es in einer Entfernung von acht Meilen hörte.

³) Montereggione, ein von hohen Thürmen umgebenes Schloß bei Siena.

⁴) Als die Giganten den Himmel erstürmen wollten, wurden sie von Jupiter mit Donnerkeulen hinabgeschleudert.

⁵) „Es wäre schrecklich, wenn Mars, der Kriegsgott, solche Vollstrecker fände."

⁶) Jetzt ist in Rom im Belvedere auf den Stufen bei der Schlange des Bramante ein ungeheurer Pinienapfel von Erz zu sehen, der zu Dantes Zeit die Peterskirche als Thurmknopf schmückte, im Alterthume aber auf Hadrians Grabe war.

⁷) Die Friesen galten für Menschen von ungewöhnlicher Körperlänge.

⁸) Von dieser Stelle behaupten einige Ausleger, daß sie nichts sei als ein Gemisch aus verschiedenen Sprachen, welches die babylonische Sprachverwirrung anzeige. Einige halten sie für syrisch, Andere für arabisch. Nach der Erklärung, welche Philalethes von dem Hofprediger Dr. Amon in Dresden erhielt, ist sie arabisch und bedeutet: „Wie stolz in den stygischen Gewässern des Abgrunds geht der einzige Knabe der Erde." — Ferner führt Philalethes folgende Uebersetzung der genannten Stelle nach dem Orientalisten Flügel an: „Genommen hat meinen Glanz eine Tiefe — siehe da jetzt meine Welt."

⁹) Nimrod, der Erbauer des babylonischen Thurmes und Verwirrer der Sprachen, erscheint hier den Himmel stürmenden Giganten beigesellt.

¹⁰) Gleich dem Briareus, dem hundertleibigen Riesen, nahm auch Ephialtes, mit seinem Bruder Oetos Berge auf Berge thürmend, Theil am Kampfe wider die Götter.

¹¹) Antäus, ein Sohn der Erde, ist nicht gebunden, weil er keinen Theil am Kampfe wider die Götter nahm. Er rang mit Herkules, von dem er erstickt wurde.

¹²) Nach Lucan war die Höhle des Antäus, welcher sich von erjagten Löwen nährte, in der Gegend, wo Scipio bei Zama den Hanibal besiegte.

¹³) Zwei Andere von den Giganten, welche sämmtlich Söhne der Erde waren.

¹⁴) In Bologna sind zwei hängende Thürme, der Thurm Carisenda und der Thurm degli Asinelli. Der Thurm Carisenda ist der kleinere; nur der trivial lautende Name des andern konnte daher den Dichter bestimmen jenen zu nennen.

XXXII. Gesang.

¹) Nach dem Ptolemäischen Systeme.

²) Beim Baue Thebens wurde Amphion durch die Musen zum Gesange begeistert, bei welchem sich die Steine von selbst zur Mauer zusammenfügten.

³) Der Don in Rußland.

⁴) Nach Philalethes vermuthlich das Gebirge Frusta Gora in der Gegend von Tabernich in Slavonien.

⁵) Nach der Vermuthung des Philalethes die Monti belle Parie im Westen von Serchio.

⁶) Die beiden Brüder Alexander und Napoleon, Grafen von Mangona, Söhne des Florentiners Alberto degli Alberti hatten ihre Besitzungen im obern Bisenziothale. Sie tödteten sich wechselseitig durch Verrath und werden deshalb in der

ersten Abtheilung des tiefsten Kreises, in Kaina bestraft, wo die Verräther an den Blutsverwandten leiden müssen.

⁷) Mordrec, der Sohn des sagenhaften Königs Arthur, machte einen Versuch seinen Vater zu ermorden, der ihm zuvorkam, indem er den Sohn so durchstach, daß die Sonne durch die Wunde schien; deßhalb heißt es, daß der Schatten durchbohrt wurde.

⁸) Focaccia bei Camellieri von Pistoja tödtete seinen Oheim.

⁹) Auch Sassol Mascherone aus Florenz war Mörder seines Oheims.

¹⁰) Camicione de Pazzi, der verrätherisch seinen Oheim tödtete, erwartet den Carlino, der das Castell di Piano di Trevigni verrätherisch den Schwarzen übergab. Camicione meint im Vergleiche mit dem Carlino rein zu erscheinen.

¹¹) Durch den Verrath des florentinischen Guelphen Bona degli Abati wurden in der Schlacht bei Montaperti 4000 Guelphen getödtet; drum wird er in der zweiten Abtheilung des Schachtes bestraft, welche die Verräther ihres Vaterlandes oder ihrer Partei umschließt, und nach dem verrätherischen Trojanerfürsten Antenor den Namen Antenora hat.

¹²) Buoso da Duera aus Cremona war von den Ghibellinen und von Manfred beauftragt worden, sich dem französischen Heerführer Guido von Monfort entgegenzustellen, ließ sich aber von Diesem bestechen und gestattete dessen Durchzug.

¹³) Beccheria, Abt von Vallombroso wurde von Papst Alexander IV. als Legat nach Florenz geschickt und soll dort einen geheimen Traktat zu Gunsten der Ghibellinen wider die Guelphen geschlossen haben, weßhalb die florentinischen Guelphen ihm den Kopf abhauen ließen.

¹⁴) Johann Soldanieri, ein Florentiner aus einem edlen ghibellinischen Hause, wurde zu Gunsten der Guelphen ein Verräther an seiner Partei.

¹⁵) Durch den Verrath des Gannelon von Mainz wurden bei Roncoval die Christen von den Mauren geschlagen.

¹⁴) Tribaldello öffnete bei Nacht den Bolognesen verrätherisch eines der Thore von Faënza.

¹⁵) Der Obere befindet sich als Vaterlandsverräther noch in der Antenora, der Untere steht als Verräther an dem Freunde, schon in der dritten Abtheilung, welche nach Ptolomäus, dem Verräther seines Freundes Pompejus, Ptolomäa heißt. Andere meinen, der Name rühre von jenem Ptolomäus her, der die Makkabäer beim Gastmal ermorden ließ.

¹⁶) Tydeus und Melanippus kämpften bei der Belagerung von Theben mit einander und brachten sich wechselseitig tödtliche Wunden bei. Tydeus biß in der Wuth in die Schläfe des vor ihm verschiedenen Melanippus.

XXXIII. Gesang.

¹) Graf Ugolino bei Gherardeschi, ein adeliger Pisaner und Guelphe verjagte im Einverständniß mit dem Erzbischof Roger degli Ubaldini, den Nino von Gallura, der die Herrschaft Pisa's an sich gerissen hatte, aus der Stadt, und setzte sich an dessen Stelle. Doch aus Neid und Parteihaß, und um Rache für den Tod eines Neffen zu nehmen, hetzte der Erzbischof das Volk durch Verbreitung des Gerüchtes auf, daß Ugolino den Florentinern und Lucchesen einige Kastelle für Geld übergeben habe, machte ihn, seine Söhne, Gaddo und Ugoccione, und seine Enkel Brigata und Anselm zu Gefangenen., ließ, nachdem er sie einige Monate eingeschlossen gehalten, die Schlüssel ihres Kerkerthurmes in den Arno werfen, und überlieferte sie so dem qualvollen Hungertode.

²) Da Ugolino ein Guelphe war, erscheint er im Bilde eines Wolfes, seine Söhne und Enkel in dem der Wölflein.

³) Der Berg San Giuliano erhebt sich zwischen Pisa und Lucca.

⁴) So hießen die Ghibellinen, mit denen Roger sich wider Ugolino verbündet hatte.

⁵) Nämlich er starb vor Hunger.

⁵) Italien, zum Unterschied vom südlichen Frankreich, wo man mit oc bejaht.

⁷) Inseln im Tyrrhenermeer, nicht weit von der Mündung des Arno.

⁸) Theben hatte den Ruf einer grausamen Stadt.

⁹) Alberigo dei Manfredi, aus Faënza, ein Frater Gaudente, lud seine Ordensgenossen, an welchen er sich wegen eines erlittenen Schimpfes rächen wollte, unter dem Scheine versöhnlicher Gesinnung zu einem Male, und gab mit dem Rufe: „Lasst die Früchte kommen," das Zeichen zur Ermordung seiner Gäste. — Er empfängt nach einer sprichwörtlichen Redensart, nun für die Feige die noch kostbareren Datteln, die Vergeltung seiner schändlichen That.

¹⁰) Der Genuese Branco d'Oria tödtete im Einverständniß mit einem Verwandten verrätherisch beim freundschaftlichen Male den Michael Zanche seinen Schwiegervater, den wir im Schlunde der Bestechlichen gefunden haben, um die Besitzungen desselben in Sardinien an sich zu reißen. — Schon als er den Verrath mit seinem Verwandten beschlossen hatte, also noch ehe Zanche starb, sei, wie Alberigo erzählt, Branco's Seele in die Hölle gefahren, nachdem ein Teufel den Leib desselben in Besitz genommen.

XXXIV. Gesang.

¹) Von den sechs Flügeln Lucifers, welche das Panier des Höllenkönigs genannt werden, geht der starke Wind aus, von dem früher die Rede war.

²) Die drei Gesichter Lucifers bedeuten die drei schon im Mittelalter bekannten Erdtheile.

³) Von der hohen Bedeutung, welche Dante dem römischen Weltreiche, wegen dessen Bestimmung zur Verbreitung des Christenthums zuschrieb, und von seiner Ueberzeugung, daß nur das römische Kaiserthum der Anarchie Italiens ein Ende machen könne, kommt es, daß er Brutus und Cassius,

welche den Julius Cäsar tödteten, zugleich mit Judas Ischariot die ärgste Pein ausstehen läßt, nämlich die in der Judecca, der tiefsten Abtheilung des untersten Kreises, in welchen die Verräther an ihren Herrn und Wohlthätern bestraft werden.

⁴) Da sich der Dichter den Standpunkt Lucifers als den Mittelpunkt der Erde denkt und Virgil, als er ganz unten war, umschwenkte, um an der entgegengesetzten Seite emporzusteigen, kommen die Beiden aus der nördlichen Hemisphäre, wo der Gottmensch Jesus Christus lebte und starb, und in welcher sich Dante Jerusalem als den höchsten Punkt denkt, in die südliche, die man damals ganz vom Meere bedeckt glaubte, über dem der Dichter sich den Berg des Purgatoriums erheben läßt.

⁵) Der Berg des Purgatoriums.

⁶) Von Lucifer, der in dem Gedicht mehrmals Dis (Höllengott) genannt wird.

Verbesserungen.

Lies glaubte, statt glaubte. S. 8, Ges. I, V. 48.
„ einer statt eine. S. 3, Ges. I, V. 49.
„ Martergrauen statt Matergrauen. S. 20, Ges. IV, V. 28.
„ auf frischem statt am frischen. S. 23, Ges. IV, V. 111.
„ Linus statt Livius, S. 24, Ges. IV, V. 141.
„ Auf Erden statt Am Boden. S. 78, Ges. XIV, V. 22.
„ Stelle, statt Stelle!" S. 96, Ges. XVII, V. 72.
„ b'rauf statt dann, S. 120, Ges. XXI, V. 47.
„ Glitt statt Rutsch'. S. 131, Ges. XXIII, V. 44.
„ gleichet statt gleicht. S. 136, Ges. XXIV, V. 3.
„ nieder statt wieder. S. 140, Ges. XXIV, V. 120.
„ Kaius statt Cajus. S. 143, Ges. XXV, V. 25.
„ nicht statt mich. S. 151, Ges. XXVI, V. 91.
„ log statt lag. S. 175, Ges. XXX, V. 98.
„ heil' statt heil,. S. 194, Ges. XXXIII, V. 116.
„ zurück statt zurck. S. 200, Ges. XXXIV, V. 81.

In den Noten:

Lies Rosetti statt Cosetti. S. 221, Ges. XIII, N. 10, Z. 9.
„ wurden statt worden. S. 225, Ges. XVI, N. 9, Z. 3.
„ Amphiaräus statt Amphioräus. S. 231, Ges. XX, N. 1, Z. 1.
„ hinein warf, statt hinein, warf. S. 236, Ges. XXVII, N. 1, Z. 4.
„ falln statt fallo. S. 239, Ges. XXVIII, N. 16, Z. 2.
„ Sinon statt Simon. S. 241, Ges. XXX, N. 7, Z. 2.
„ winzige statt einzige. S. 242, XXXI, N. 8, Z. 7.

www.ingramcontent.com/pod-product-compliance
Lightning Source LLC
Chambersburg PA
CBHW020756230426
43666CB00007B/725